大川隆法

Ryuho Okawa

常勝思考。

Invincible Thinking

人生有如築路工程，必須逢山鑽洞，遇河架橋。
「常勝思考」就是衝破人生阻障的利器，
讓我們得以順利地抵達目的，完滿人生。
而「常勝思考」的原動力，即是不屈不撓的精神。

前言

「常勝思考」是一種使人生獲得真正勝利之睿智的思考方法。

我無意將成功理論撰寫成膚淺的通俗讀物。本書探究的是超越了性別、年齡和國籍的內容，任何人都能夠理解。透過熟讀此書，並將其道理運用於生活之中，一條人生的勝利大道必鮮明地在你面前開展出來。

人生有如開鑿穿山隧道的工程，途中會遇到滲水或頑石。

然而，若具備了「常勝思考」之本領，便如同具有了粉碎岩石的爆破力，具有了點石即穿的利鑽。當品味出了本書的妙趣，並將其轉化為動力之時，你便可以昂揚地宣稱：在我的人生中，不再有敗北，只有常勝。

幸福科學總裁　大川隆法

目錄

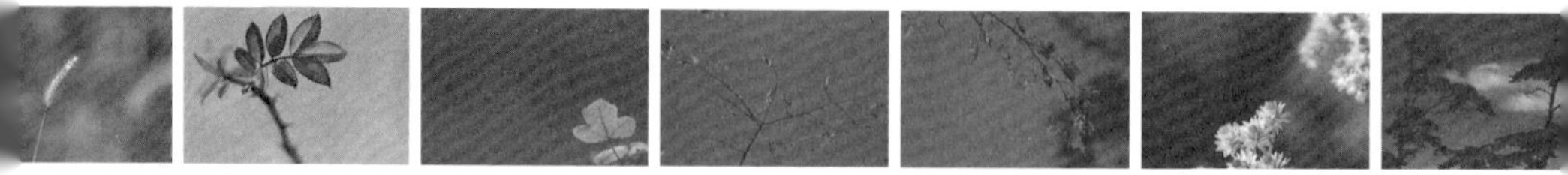

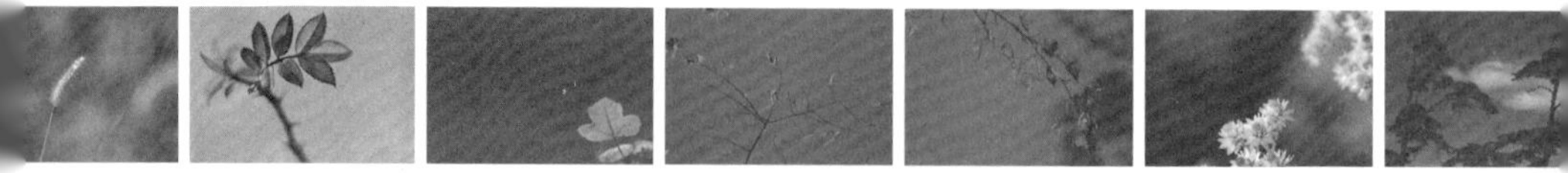

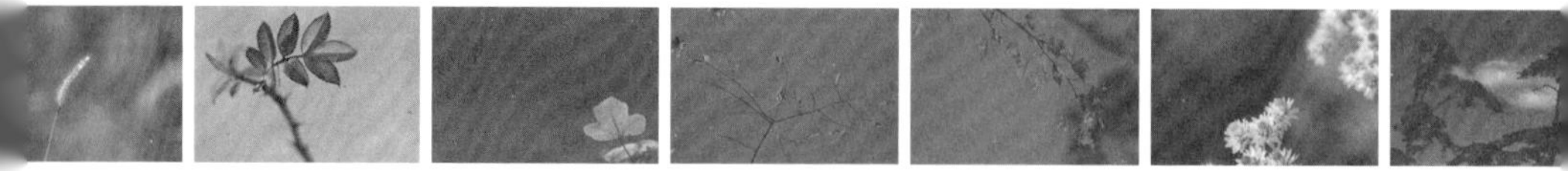

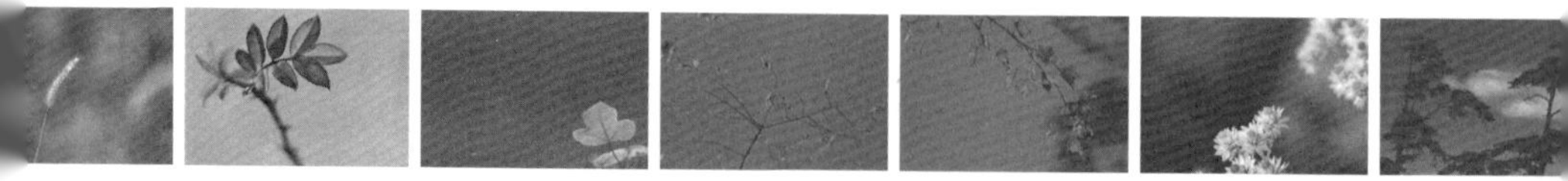

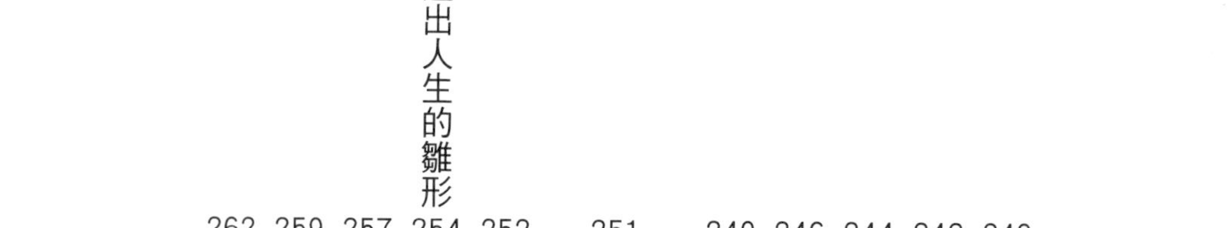

第一章／常勝的原點

第一章　常勝的原點

1・領導者必備的資質

人生在世往往不自覺地追求著時代潮流。全世界有六十幾億人口，每個人都在思考什麼是真正的生命價值？自己的前途又在何方？這說明，人們需要能為自己指明方向和確認正確答案的領導者出現。因此，想要成為一位優秀的領導者，就要具備能夠明確地為人們指明前途和方向的能力。

實際上，大多數的人並不一定了解應該如何善用自己的能力、時間和金錢。我認為，領導者要能夠明確地指引即將到臨的未來，和每天必須要做些什麼。成為這樣的領導者，是每個有覺悟之人的真實使命。那麼，領導者所需要的條件究竟是什麼呢？首先，他必須具備先見之明，必須比他人更能洞燭先機。

在他人眼中，會認為有先見之明的人較清楚未來，通常是具有超群卓越的能力或者是一位偉人。週圍的人會覺得，此人有睿智、有遠見，彷彿可以看得比他人遠，或者是具有預言者的資質而能先知先覺，於是便會被這不可思議的魅力所吸引，繼而追隨之。

所以領導者所須的條件，首先是要有先見之明，但是，僅僅有先見之明還是不夠的。若有先見之明，但卻只會對人說：「你繼續這樣做下去就會失敗。」這種只會列舉出失敗和不如意之人，即使一時成為了領導者，但過不了多久，人們就會紛紛離他而去。

我所創立的「幸福科學」聚集了各方人士，其中的理由，或許是人們心中認為順應潮流必會有所受益，對此有著吉祥的預感吧！反之，若是讓人感覺到船要翻了的話，我想，人們也就不會到此緣聚了。

因此，不僅要具有先見之明，我認為，領導者還需要有第二項特質，就是在他的身邊，或者在跟隨他的過程中，必須能夠使人有那種將會開創出未來的預感。

領導者所需的第三項條件，就是在他過去的人生歷程中，必須要曾有過使人信服的成績，但這成績指的未必是枚閃耀的勳章。無論他曾渡過怎樣的人生，只有從曾經承受過磨難的足跡中，才有可能尋找到成為優秀領導者的資質。

我經常在想，歷史上的偉人們，其所擁有的共同點，首先在優渥環境下出生的人並不多；即使是在優渥的環境下出生的，也一定曾在人生中遇到過某種重大的挫折，或者遇到生命的轉折而陷入嚴峻的苦難。這些偉人大都是出生在並不優渥的環境中，經過一生的努力而成功。只有走過努力與奮戰，人們才能夠從其身上感覺到一種非凡的力量。

以上，列舉了領導者的三個條件，而新時代領導者所不可欠缺的重要思考方法，即是以下要闡述的常勝思考。人生中儘管存在著大風大浪，但是，運用常勝思考終會使你從逆境中受益。因此，我們可以這麼說，對於已掌握這種思考方法的人，危機和困難將不存在，接下來，生命只會有連續不斷的良機出現。

2・「反省」造就領導者

人們或許會認為，能夠順利地實現自己的願望，有開拓前程的意願就可以了。但實際上，正因為人生有各種各樣的難關，我們才有更多的學習機會。

譬如，以健康方面來講，有人向來健康而且精力充沛，這樣的人可能很少顧慮到有關健康的問題。但其實生病伴隨著各種意義在其中，若把健康的反面——疾病，看作是單純的不幸，也不正確，因為它並非那樣消極的。

人為什麼會在某一個時期生病呢？人在生病之前，必會有疾病的潛伏期，就像助跑階段。在這個時期，身體的某個部位會疼痛，感到不適，導致不能像平時一樣工作。就某種意義上來講，是身體在提醒：「你該要休養了。」有一些人認為健康是理所當然的，若不生病就不知道休息的重要。

因此，為了保全人的壽命或天命，當健康亮起紅燈的時候，自然需要休養，壽命可能因此而得以延長。若忽略警訊會怎樣呢？不好好休養的話，便可能失去生命，而返回到靈界。因此，身體出現不適而休息，這就是被強制安排的休養期。

那麼，休養期的意義是什麼呢？當然，不僅僅是身體在休息。因為在這個期間內，會增加許多獨處的時候，人會開始內省，內省是指「對內心反省」。人在外界的生活中，目光總是被各種現象所迷亂，使人很難接觸到自己的真心、很難去自省。

試看一下推銷員的工作就很容易明白；做推銷工作，在順利之時顧客盈門、生意興隆，此時，是否有充足的時間去考慮自己、照顧家庭和觀察他人的事呢？有這樣的餘力嗎？在這種情況下，大概心中想的都是如何更進一步開展局面吧！

最初，以本月要銷售十五部汽車為目標，等銷售目標完成後，便會想：「我成功了，對這個月的成績頗為滿意，下個月的目標可以訂為十八部。」

缺乏內省的人，通常會被這樣的結果所蒙蔽。這種人多半沒有考慮過，從他手上買這十五部汽車的人，是否真的因為有了車而感到滿足、幸福和愉快，是否符合了需要？一般來說，推銷員達成了目標後，缺乏內省的人就會陶醉於喜悅和滿足，對此以外的事情，及對他人的關心等，常會被完全疏忽掉。

在買賣成立後，有了好結果，如果同樣能夠讓對方感到滿意以及持續的喜悅，這樣才可以說，自己做好了推銷工作。假如，不關心商品的後續服務，只在乎自己是否完成了銷售目標，看到結果就心滿意足，這樣的人是不會預先設想到，是否有人在買了東西後會後悔、氣憤，或產生經濟上的困難的。

有很多人在競爭激烈的社會裡日夜忙碌，卻未考慮過上述的問題，只是想努力達成自己的業績，說白了，這些人只是淪落為結果主義者。甚至這些人對自己虛假的人生態度還沒有意識到，自以為是高人一等，正走向成功之路呢！這種人其實還真不少，如果他們又未遇到某種挫折的話，是不會懂得如何真正做人的。

大宇宙必然會為每個人安排反省的機會，當這個時刻來臨時，多半此人會轉入非常內向的心境。然而，對此人的靈魂來說，只有此時，才是真正重要的時期。

此刻我們必須實際深入觀察自己的內心，不對真實的自己做探究的人，也就沒有資格成為真實意義上的領導者。

3・擴大人格的試煉

我將繼續用推銷當做例子。這位不關心他人、只追求數字的人，可能到後來成為業績第一的推銷員，得到了公司的賞識，被晉升為業務部的經理。可是，擔任業務部的經理之後，會發生什麼樣的變化呢？他會按照自己的所做所為來指揮別人，也就是只會對部下發號單純的數字命令。例如：「你這個月的目標是要賣掉×部」等，他只會用數字的結果來判斷部屬的優秀與否。完成了指定數字就是好職員，他也只會以這種方法來做評斷。長期下去，他對部下的推銷工作便會開始變得不耐煩，心想：「按我的辦法來賣，應該能推銷更多出去，賣個十五部也不成問題。若依屬下的做法，最多只能賣掉三部、五部而已。」部屬開始會被他看成是負擔。

其實在這個時候，對部下的推銷方法應該更耐心教導才是。可是，他卻想親自去執行，越職親自去與客戶商談，這便是蔑視部下。這時部下必會發牢騷：「那經理你自己去做不就好了嗎？」且部屬的心情會變得越來越頹廢；若形成了這種惡性循環，是無法好好培育部下的。

這又是為什麼呢？因為目光只是放在「自我成功」上面，能得到的也只有這點，對於什麼是人真實的心從來不做深入思考，最後變成厚臉皮的人。在一些成績不錯的業務員中，這樣厚臉皮的人還真是不少，厚臉皮的人是很少做自我分析的。

不清楚是什麼狀況下，就隨意切入做生意，還自稱「我為人好，所以人們也會對我好」等，其實，他一走，大家才能大鬆一口氣：「總算走了，唉，總算輕鬆了。」但是，他本人卻意識不到，絲毫不曉得自己的臉皮有多厚，還自認為任何人都能為友，然後以這種手法不停地做生意；這樣的例子真是不勝枚舉。

反之，如果是謹慎型的、或是細心的人的話，就不會去做這種厚臉皮的事，而是專注於提升自己。

例如，有自己的喜好，以這個喜好來做為話題，融入對方的談話，或者以其他趣味的話題作開場白。可是，這對逞強的業務經理來說，是不能忍受的。

我認為，對這樣的人來說，是有必要去做靈魂的休養和休息的。雖然這會使他的處境暫時陷入不佳的逆境中，但卻可使他開始逐步了解他人的心。一直以來自認為是公司的門面，自己如果不來工作，公司將很難運轉。可是，當他生病休假的時候，很意外的，公司仍舊順利運轉，他的心會因此受到很大的打擊。特別是在同事或部下來探病時說：「你雖然休息，但公司依舊進行地相當的順利，請你不必擔心！」這種話讓他最受打擊。其實，他真正想聽的是：「你不在，公司幾乎要停擺了，無法順利運轉。」

如果你是這樣的人，我認為還需要多些磨練。請勿以為這樣就等於在後退，其實為了養成更加寬宏大量的人格，這種磨練是必要的。

4・從試煉中徹底學習

優秀的人開始學習工作的方法時，通常會拚命地想要證明自己的能力。我認為，這不是「施愛」，而是在「奪愛」，潛在意識是在謀求稱讚，想獲得注意。

當人在熱衷於自己要如何才能受到他人的青睞時，各位有沒有以下的經驗呢？如果他人給予自己的評價低，就會趕緊極力加倍努力。可是不知為什麼，當你越努力，周圍的人就越是不用正眼相看；越努力，周圍的評價卻莫名其妙地越是不佳，這效應真是令人百思不解。

回想這一切，即會發現原來自己是在奪愛。自己的努力好像完全是為了得到更多人的讚揚，所以，從他人的角度來看，在賞識這個人的當下，心中會不是很舒服，似乎自己有某種東西被掠奪走的感覺，就好像自己的私房錢減少一般。去稱讚一個只想謀求別人賞識的人，會有一種損失感。

各位不妨可以感覺一下，周圍有沒有那種為了得到他人稱讚而做事的人呢？在你的朋友或者工作場所中，有沒有眼睛流露出渴望得到他人稱讚的人呢？這種人雖然很想得到稱讚卻反而很困難，於是，便越加在這方面下功夫，不久周圍的人就會開始議論：「這傢伙想要爭出頭啊！」並用冷淡的態度來回應他。之後此人便開始陷入進退兩難的困境，心想到：「如此拚命，卻得不到賞識，世界真是不公平，這裡的人盡是些不能直率地承認他人能力的人！」

而實際上，在謀求他人稱讚所做努力的過程中，就是以追求「自己得到稱讚」為中心，去貶低別人，只把別人當成是自己的抬轎人，久而久之，自己便陷進這樣的錯覺當中。總而言之，若是一心想著自己要出人頭地，那麼就根本不可能想到如何讓他人幸福。人是非常敏感的，與人交往時，如果完全得不到幸福的話，便會想與這樣的人劃清界限，遠離他而去。

而一旦當人們與你漸行漸遠的結果出現後，你便去批評人，擾亂他人或說他人壞話，這樣必然會有適得其反的效應。所以，如果自身處於挫折期，或者，已走過順利期而來到低潮期，經歷這類的磨練時，請不要消極與負面的看待它。只有在這個期間，人們的靈魂才能得到鍛鍊，也同時才學會去理解別人的心。

很遺憾，看到自己不在崗位時，工作仍能照樣順利運行，而受到打擊——其實世間的真相就是如此。一般的上班族通常可以立即被替換，就連被認為絕無人能代替的總經理，寶座也是可以立即換人坐的。也就是說，工作並非單靠個人的力量就能完成，而是由多數的人相互配合，才能造就所謂真正的工作。切不可忘記，他人的力量才是個體能夠做到自我發揮的前提條件。

所以，若有熱衷於閱讀本書的讀者，現正處於挫折、逆境漩渦之中，我希望，無論如何一定要回顧過去這幾年，或者這幾十年間，自己的生活方式是否失去了平衡，還是自己只是一個期待他人評價的人，而忘記了評價他人。能夠養成這種內省是很重要的。人成長的因素很多，而真正能夠發揮潛力的人，一定是經過許多磨練的人。

通過磨練並且又將之轉化為自身力量的人，便會放出光芒。反之，在磨練中只是消極地順著潮流行船，便會讓人留下暗淡的印象和心中的陰影。

所謂磨練，也不是持續不間斷的，在這磨練期間會有某種程度的收穫，對能夠學到的要盡可能地學習，有這種態度是很重要的。

5・不要過充滿藉口的人生

處於不幸的時候，要告訴自己，不可陷入只有自己一個人不幸的困惑中。

不管是疾病纏身的人，或者是失敗、挫折連連的人，在這種時期很容易產生出自己運氣不好的錯覺。在這個時候，請務必睜開雙眼，更加敞開心懷，觀察他人的境遇，人未必都是只有成功而沒有失敗的，身邊一定有為了突破自我、奮發向上，而付出許多努力的人。

有沒有想過，世界上有多少人正處於與自己相同的境地。疾病的種類繁多，有心臟病、癌症或者是外科疾病等，但絕不會有那種只屬你自己一個人的獨特疾病。因此當疾病纏身時，要想到世上也有很多人和我一樣正為這疾病所苦。

美國曾有一位著名的輪椅總統（富蘭克林・D・羅斯福），通常當人的身體需要坐輪椅時，便不會想再參加社會性的活動了。可是，這位大總統的工作卻做得極為出色，他與別人不同之處，是從不為自己的人生做辯解，努力克服身體上的障礙，將自己能做的事情善始善終，盡可能地做好。

另外，美國也曾有一位政治地位很高的女性。她在年輕時丈夫就過世了，而後，又被孩子遺棄，歷經了生活方面貧困和疾病的痛苦，然而，她卻能從這樣慘淡的生活中脫穎而出，成了美國政府內最高地位的女性。

我觀察到，在困境中能承受一般人所承受不起的困難、能夠在逆境中站起來的人，這些人都具有相同的特質，現歸納列舉如下：

第一點，面對逆境、困境絕不責怪他人，絕不埋怨他人或命運。這是因為他們深知，這麼做對自己將毫無益處。

第二點，去承受被賜予的命運。不要去追究有這樣的命運如何是好，而應從正面去承受厄運、逆境。這就是承認現實，而後深思考慮如何在這種現實中復甦，決心去承受惡運的現實就是勇氣。

第三點，從逆境中尋找教訓。逆境要警示自己什麼呢？必然是有答案的，這個答案將成為以後的心靈之寶，變為重要的財富。

第四點，絕不依賴他人，不謀求他人的援助而生存。即使在不利的環境中，也始終不忘堅持獨立自主的精神，或者說不忘自力的精神。正視被賜予的命運，承受現狀。但是，不可以全盤地接受或滿足，而應該用自力打開新的局面。心中知道成功之路一定要通過這樣的過程。

令人憐憫的人終究成不了大器，有很多人會習慣要求他人憐憫自己。一旦開始要求他人的同情，日子一久，漸漸就會陷入這種被同情所糾纏的人生了。在不幸的環境下，當身體有缺陷或疾病，就企圖去謀求他人的援助時，對靈魂來說，就等於是投降敗陣。在這不幸的關口，必須果斷勇敢地承受命運，這樣必能度過難關。

6・以決心和毅力開創前程

在下定決心勇闖命運險關時，倒也不需要特別的巨大毅力。就從自己的眼前，自己能力所能及的點出發，向前開展。所謂自己的眼前和能力所及的點是指什麼呢？就是指在現狀下自己能夠做得到的事情。假如，自己的能力已無法再發揮的話，就應考慮自己有沒有其他的才能。

回顧一下自年幼起，那些過去疼愛過自己的雙親、兄弟、朋友和老師們，對自己有過什麼樣的讚賞或評價呢？自己是否還有哪些被自己忽視的能力，是否還有未使之力，是否有無仍然可以作為開拓前程的依據？

我記得以前曾經看過NHK的電視紀錄片，報導的是一位無手之人，以足繪畫。用腳趾夾著畫筆作畫，卻能令人吃驚地畫出具有畫家水平的畫，可與內行畫家的作品媲美。此外，各種動作也都是用腳來完成。沒有手，但腳的能力卻發揮到與手相同的程度，這是真實的事情。這是由努力所得到的恩賜，但也有不少沒有手的人，一開始便放棄努力，依靠他人照顧而結束一生。

可是，這位口足畫家卻以自力開創前程。由於喜好繪畫，便練習以腳作畫，開始的時候無法馬上就畫得很好，但不久便會逐漸有所進步，達到用腳畫出好作品的程度。無手之人，以足作畫，用腳趾夾拿畫筆，還能夠擠顏料軟膏調色作畫。相較於這些人，我認為，對肢體健全的人來說，就應該是沒有什麼事是靠自己的力量辦不到的吧！

所以，我這樣認為，各位靠雙親的援助能夠接受教育，身體也健康；那麼，也就絕對沒有什麼道路是無法開拓的。

有些人會為自己做各種辯解，例如，現在自己境遇不好，或是才能有限等等。目前，已有許多為開拓前程而設立的各種證照考試等等，按道理說，這條路不也是可行的嗎？實際上，不就是自己努力不夠和毅力不足嗎？我要說明的就是這些。

很意外的是，不可思議的事會發生。無論身體有何種缺陷的人，如果願意這樣去思考，在努力的過程中往往會出現美好的景象。

正因為如此，一個能力洋溢、體力充沛的人，心中就要明白社會上還存在著一些人，他們的人生是從更不利的起點出發的。要清楚自己現在必須做些什麼，應加倍努力，把愛散播給更多的人。越是擁有優越的條件，就越應該幫助眾人。懷有這樣的心，就會產生重要的意義。

7・創意使你常勝

我自己也常希望能做更多的事情，可是在現實上會感覺到體力有限。此時，如果運用常勝思考的方法進行思考，又會得到什麼結果呢?當體力耗盡時，還可以使用智慧。所以，開發創意是我常在思考的，各位也許有同樣的想法。常勝思考的必要元素之一，就是創意、發明和發現。

如果對我現在的工作做評價也許不太合適，可是，我在前進的過程中，不斷累積發明和發現，或者說是創意。這就是說，在遇到各種阻礙的緊要關口時，要考慮下一步的方案，切忌魯莽行事，要積極思考下一步的做法。

所謂自己的體力有限，從常勝思考來說，就是人的活動能力終究有其限制，所以，屆時就要運用智慧。第一，應該分析工作中有沒有即使自己不去做，也不會發生問題的，有沒有什麼工作是他人可以替代的。

另外，還有一種思考方法，就是培育他人。自己欠缺的部分由他人來補足，這樣，就可以做到整體性的發展。偉大的經營家松下幸之助就是這樣做的，他身體虛弱，不可能去做所有的事情，因此不得不器重他人。在一九三三年五月，他便發明了世界上第一個事業部制度。

在今天讀經營學的書籍時，事業部制度的經營方法已經成為常識中的常識了，那就是一種分社經營的方法。在各事業部安置負責人，分門指揮。用這樣的方式來分散權限，以小規模活動做逐層的連動，即使是很龐大的公司也能夠運轉起來。

如果只做一元化的支配，全部都由老闆做決定的話，公司將會被這個老闆的個人能力所限制，超越了老闆能力之外的，將無法拓展，便會導致公司發展停滯。

對此，設置事業部，安排各事業部的部長，明確地說，是組成了各種公司的集合形態。由此，在個人能力之上的工作也能夠得以完成。

松下幸之助由於身體虛弱，而在世界上首次創立事業部制度，至今，世界各地均在效仿，我認為這也屬於常勝思考的思考方法之一。在沒辦法自己完成的情況下，做反向考慮：「只有自己不做，才會給予他人機會，他人也才能得到機會。」、「任何事情都由老板做，是無法培養出人才的。因為個人的能力有限，才更應該用人，任用他人，完全給予信任，不斷的使他人發揮才能，才有助於完成大業。」運用這種思考方法，松下幸之助成功的培養，成就了現在有著幾十萬人的龐大企業。

舉個例子，總公司在大阪，分公司設在九州等地時，松下幸之助無法直接監督分公司。他任命二十歲左右的年輕部下擔任九州分公司的負責人，在送別時會說：「很遺憾，我不可能搭地鐵到那麼多地方去，管理就拜託給你了，好好發揮吧！」他對他人信任、任用，非常用心地栽培下屬。松下幸之助的親身體驗，是極好的先例。由此例來看，不應該以個人的能力界限來限制工作、限制活動。我認為，會這樣畫出界限的人，絕不是工作能力不足，而是缺少智慧，或者說缺少創意。

希望大家從今天起這樣來思考。也許會有一部份人認為現在是最順利的時期，無所謂，但是，切記順利是很難持久的。感到自己不順的時候，首先不要再使用一貫的辦法，要稍做靜觀，再尋找看看哪裡是可以下工夫的地方。

人們在擴大事業的時候，只靠個人的力量是絕對不行的。毫無疑問地，需要借助他人之力。

8・跨越個人能力的極限

有了好的主意，再得到別人的協助，事業必定會壯大發展。

譬如，一個魚販為小生意奔忙，還認為這樣就夠了，那麼，這個人的一生，將只是一名魚販。此人可以要在生意上多下一些工夫，思考研究怎樣去做才能夠吸引更多的來客。例如在傍晚四點到四點半，或五點左右的時間，到A住宅區去，客人會很多，那麼，在這個時間去A住宅區的話，會比去其他地方的銷售額高五倍左右，明白這一點之後，每到這時間就應該去A住宅區。

再進一步想：「別的時間還有沒有機會呢？」令人意外的是，有不少人回到家後才想起忘記買東西了，能不能為這樣的家庭主婦賣魚呢？這樣，有了「這地區的居民到了晚上八點還在買東西」的情報後，便可尋找適當的攤位，增設店鋪。像這樣思考的話，就會比以前的隨性做生意多好幾倍的收入。

再來便是雇用助手。有了助手，就不只是個人工作了，可以在同一時間解決更多的問題。對於大量湧來的顧客，如果是一個人的話，要做賣貨、計價、找零錢等，會忙亂到無法應付，致使客人轉向其他的店鋪或超級市場。

增加人手後可以分工，自己管賣貨，而另一人收錢，兩個人會使效率倍增、生意更好，其後又可以再增加人手。原來只有一輛生意用車，可以變成兩輛、三輛。這樣，各個方面又能添新手了。

結果就成為三、五輛車的買賣了，接下來便可以大批進貨，從市場上進到更便宜的好貨。起初一個人的時候，進貨的數量有限，像新鮮的秋刀魚只能進二、三十條而已。而現在可以進一、二百條或五百條，還可以向大盤討價還價地說：「一次買五百條的話，能便宜多少？」進了便宜貨就可以便宜地賣，客人也會更高興。

這樣，隨著規模的擴大，服務品質也會提高，培育出更多的員工，生意會進一步得到發展。客人高興，生意就越發展，如此就越可以尋找到好的商品，這樣便開始進入良性循環，往好的方向邁進。經過二、三十年的急速成長，幾十年後便發展為龐大的企業。原來只是夫婦兩人開的小店鋪，店員二、三人，竟發展到擁有職員幾千、幾萬人的公司，大多數成功的公司都是在這樣良性循環中運轉的。

歸根結底，問題在於有沒有考慮到這種可能性，否則買賣做了三十年、四十年也仍然是一個人。針對做買賣來說，什麼時間在什麼地點賣貨最好，怎樣做客人最能夠滿足，而經常能為客人的方便著想的人，會按照此方程式發展，創造出良好的循環，各方面都會陸續好轉。

經營相同事業的人有很多，其中有發展的、有不能發展的，彼此間必定有其不同之處。重要的是能否有眼光，是否夠細心，或者能夠下多大的工夫。

辦不到這一點的人，百分之八、九十是被自己的能力和活動圈所侷限，祖祖孫孫，店鋪三代相傳，只是指望客人數量不減的老實生意，是絕不會有什麼發展的，這樣的事屢見不鮮。

咖啡店、麵店、飯糰店、漢堡店等等，賣的東西大同小異，可是，有的可以在全國發展成連鎖店，有的卻是沒有好的發展或是無發展。求發展是有秘訣的，在超越個人能力的部分，必須用這創意工夫做補充。

9・獲得成功的兩個秘訣

上一節針對創意工夫所作的敘述，各位應該能理解吧！很多人在自己的人生中遇到阻礙，就開始懷疑自己是否在唱獨角戲。其實一個人所能做的事，是很有限的。要想在世間成功，還需要廣交友人，否則也是行不通的。成功的秘訣大致分為兩個。

①發現需要

尋找出經常被需要的東西是什麼，心中要架起探測雷達，搜尋出現今被人們需要的東西。所謂被需要的地方，就必定是工作開始的地方；這個地方也是能急速發展的地方。

有需要就有工作，如果不被人們接受，就表示此處無所需。例如，經營一個補習班，營運狀況不良，學生就不會來，表面看起來好像是這個補習班沒有被需要。但我認為，或許是真正被需要的東西沒有提供出來。對於別的工作來說，情形也一樣，雖然有需要但卻沒有得到提供。

接下來舉一個賣車輪餅的例子。以前的車輪餅都是豆沙餡，可是最近，自從某個小店開始販賣奶油餡之後，便開始出現數不清的內餡種類，就連巧克力餡的也有，生意很興隆。

我想其中的原因應該是：所謂車輪餅，以前好像只是老人或小孩子吃的東西，而年輕女性們是不感興趣的。可是自從放進像奶油或巧克力這種餡之後，小姐們便開始動手了，她們一吃，就能多賣。只是有了這點小變化，創造出需要，生意就有轉機了。

公司的工作是如此，自力創業也相同，此外，家庭主婦也要如此，必須去發現家庭的需要。有需要的地方，必會出現真正的好工作，這就是日常生活中要去細心觀察的地方。

②思考下一步棋

另一方面，是在這個需要之上，思考能不能有再進一步的發展？再發展的根據是什麼？

若是那間車輪餅的老闆，只是滿足於自己發明了奶油餡或巧克力餡的話，那麼他的業績就會停滯不前。

如果是換我當老闆的話，業績應該還會一直提升，我不可能一直站在路邊賣車輪餅，我一定會以這個發明為契機，創造更大的發展。

當自己獲得某種程度的成功後，就必須要把這個成功當成是自己的本錢，思索下一步棋該怎麼走，才能有更大的發展。

10・經濟力是開創局面的力量

再從另一個角度來談開創；人們會認為自己的煩惱多半是屬於精神層面上的，然而事實上，百分之七、八十的煩惱，是經濟力能夠解決的。

如果大家的收入能多出十倍的話，我可以斷言，八成的煩惱會很意外地消失。

例如，有位太太總是疲憊不堪，後來仔細想想為什麼自己會這麼疲勞？才發覺到，其實並沒什麼大不了的事，只因為平時買東西，要走很遠的路。由於當初沒有錢，只好在距離車站很遠的地方蓋房子，所以買東西變得很不方便，於是漸漸的感到疲勞而不堪忍受。

解決的方法有幾種；如果有錢的話可以買輛自行車，這是花小錢就可解決問題的方法。另外，當然也可以買汽車，也許自己不會開車，可是，只要雇用一名會開車的傭人代為採購便解決了。如果不信任讓別人代買東西，也可以請司機，載自己親自去買就好了；這是用經濟力能夠解決的問題。不過，大多數的人只因碰到這種狀況，就會不滿、牢騷滿腹。

再來，有小孩或生病的老人也是樁不小的問題。類似這樣的問題，若有了人手，就能解決；解決問題的方法往往是在意想不到的地方。

有人會因自己的孩子頭腦不好而苦惱，這也多半是金錢的問題。因為沒有錢，就只能去上公立學校，若有了錢，就可以送孩子去私立學校上學。父母因無法讓孩子有較好的學習環境，便欺負孩子，說孩子頭腦不好，這就是父母的不對了。只要有錢便可送進私立學校，沒有錢就辦不到。

這樣看的話，現代家庭煩惱的關鍵，多是經濟方面的問題。

如果是這樣，不要只是發愁，而是要思考是否有別的路可走。丈夫在公司幾乎不可能晉級，那麼，雖然以後會隨著國民生產毛額微幅調薪，但要大幅調薪是不可能的了。如果當向上發展已成為不可能，就應該知足，或者可從開源節流下工夫。

若是先生的收入無法增加的話，太太能否有副業收入？或者，丈夫是否還有出人意料的、人所不知的才能？這世界上也是有只寫小說，便意外寫出名的人，也有突然表現出特殊技能的人。

因此，若太太在外學習，通過考試取得社會承認的資格，當了教師，或許家庭經濟會迅速富裕起來；未來的出路是難以預料的。

總而言之，要經常去思考如何開拓新的前程，不要被現狀所束縛。人不可只是逆來順受，或是僅是發牢騷、抱怨不滿。面對逆境時要予以承受，以此為切入點，去思考下一步。

11・發現常勝的自己

人很容易將自己的能力做意識上的限定，或者被過去的事情所束縛。你是否已為自己下了一成不變的定義呢？若如此，便會度過自己所定義的人生。要堅信，侷限住自己的人，是無法做出超越現在自己的所作所為的。

對這一點，我曾不只一次地說過，所謂「意念」有著極為重大的意義。我認為，「人之念即為其人」之語，是永遠的真理。所以，人們從今以後應該多加運用自己的意念，特別是用意念的力量去思考。

如果在經濟能力、金錢方面出了問題，就要針對這個問題去努力地想出解決的方法。另外，要再談的一點是，對學歷的自卑感。

各位有沒有為此煩惱過呢？假如你在幾十年前未能讀大學，或未能進高中的話，這種事情便會成為自卑感，很多人從二十年、三十年前，就開始背著這個自卑感過日子。

雖然已過了二、三十年，但多數人現在仍然還懷有這種自卑感。我認為，因學歷的不足而不能得到錄用，也多少有些無能為力。但若拘泥於此，就等於一直給自己貼著這樣的標籤。只有中學學歷而成為偉大人物的，在世界上可多得很。在他們之中，不會有人老是在想自己只有中學的學歷、只有中學程度的頭腦，所以也就只能做中學程度的工作，或者常想著自己能力不足這類的事。

有一位任職於第一流企業——M物產公司負責財務的副總經理，他就只有國中的學歷，只有國中的學歷卻當上大公司的副總經理，他一定付出過別人無法想像的努力，毫無疑問，那是比別人要多一倍、二倍，甚至三倍以上的努力。

因沒有上大學，而有自卑感的人非常多。特別是在現代社會的人，常對才智方面抱有強烈的自卑感，若把幾十年前的事實，當作自我辯解的全部理由。我認為，這樣想對現在是毫無益處的，以後自己能有什麼程度的進步，才是勝負的關鍵。

即使上了大學，通常在校學習也就是四年。在這短短的四年中，即使怎樣努力地學習，也沒有什麼了不起的。人在四年的時間中所能學到的知識，就算頭腦再不好的人，經過十年的努力也是可以學到的。四年裡能學到的知識是可以掌握的，如果努力十年還不行，二十年總應該沒問題，在二十年這麼長的時間裡是沒有什麼學不會的。

所以，確立自信、認真地生活，做出成績是很重要的。我必須指出，以學歷不足做為藉口的話，意念也就會停滯、無法進步。

如果因學歷不足而後悔的話，就應該努力補足，為此充分的運用時間，付出比常人多三倍左右的努力，一般來說是可以學成的。別人兩年、三年就可做成的事，自己花上十年就絕對跟得上。做不到就是努力不夠和信念不堅強，要多激勵自己，並改善消極面。

自卑感每個人多少都會有一點，但如果你總是陷入自卑的情緒中，而被周圍的人認為，這個人就只有自卑感的話，我想那也是很無奈的事。要為消除這種自卑感做努力，自卑感才會真正消失。

所以，如果說學歷不足有什麼缺點的話，我想就是缺少綜合性的思考、整體的觀察方法。這是為什麼呢？一個人自學校畢業後開始任職於某個行業，或許是在某個專業的領域，也或許此人只從事同一種行業，因此，平時多半也只會考慮與工作相關的事情。若是在從事這專業工作之前，並沒有接受專業的培訓，視野很容易變得狹窄。若用樹來做比喻，這種情形正是枝不茂盛，樹就不健壯，根也就不扎實；這就是學歷不足所欠缺的。

所以，因為才智不足而煩惱的人，在悲嘆之前不妨去接受專業培訓，不但可以放寬視野，也可了解更多的事情。這是我想強調的重點，其餘方面則較為次要的。

自己單方面認定自己頭腦不好，而將自己侷限起來的人相當多。其實，個人的實力在未來會如何發展，那是無法預測的。

進入了社會，有許多人原來頭腦不錯，卻在後來變得笨拙；也有與此相反的，就是有些人原來頭腦不太好，卻變得聰明起來了。也就是說，在今後的十年、二十年間，如果不去特別追蹤調查的話，自己會產生多大的變化，恐怕自己也是無法清楚知道的。

希望大家不要侷限自己，要有信念，把握信念，掌握現實、將自卑轉化為在實際中的努力，如此便會像登上一層層的石階，攀登上繩索一樣，一步一步堅實地向上發展。

第二章／正向思考

第二章　正向思考

1・發想的重要性

事實上到現在為止，很多人都讀過宗教的書籍，在這些書裡面，大多是從善心、惡心，善念、惡念，善行、惡行的善惡二元論進行構思的。

在談人的問題時，往往也是從這個人是善人、那個人是惡人的角度去進行評價分析。對人從世間離去後，是上天堂還是下地獄，也全是用這種二分法做判斷的。靈感較強的人，對這樣的善惡分析、分類是比較容易有感觸的，導致經常用善惡二元論來考慮問題。若從善惡二元論的方向去思考，人們很容易將事物二分化，一下子就想要分出善還是惡，不予以二分的話，就會有不甘心的感覺。如此一來，在觀察事物時，即使選項A與選項B之間，還存在著其他的選項，也常會被忽視掉，這樣不是太可惜了嗎？

打比方說，假如有外星人乘飛碟從遙遠的星球來到地球，而恰好在梅雨季節著陸。當這些外星人從飛碟中走出來，發現幾乎每天都在下雨，就說：「這個地球呀，不知為什麼老是在下雨，真沒有意思，趕快離開吧！」如果這樣想的話，就會留在地球發展的可能性，也就微乎其微了。不只在地球發展的可能性變小，就連自己活動的可能性也會到此為止。可是，如果認真調查的話，便會知道地球有下雨的時候，也有天晴的時候，差別就在能不能意識到這一點。當看到碧藍的晴天後，就會知道地球也是一個適合居住的地方。

在首次到達地球之日遇到了雨天，便做出「啊，這星球太差了，這國家太差了」的判斷，接下來的可能性也就不會有了；太武斷就等於放棄了任何的可能性。因此，不得不再向著下一個星球做宇宙飄蕩，這是很浪費時間的。如果願意在地球做接近一個月時間的長期停留，梅雨期是會過去的。可是卻因不能忍耐而離開地球，再去做幾十年的宇宙流浪，這是非常划不來的。

這個比喻，在說明很多人都慣用這種思考方式在判斷事情。

例如，在已婚者中，有沒有人曾想過：「如果換個對象的話，也許能幸福一點。」我認為，有著「如果娶的不是現在的太太的話……」或「如果嫁的不是現在的丈夫的話……」這類想法的人，至少占已婚者的百分之五十以上，甚至有可能多到百分之八、九十。雖然明明知道這種想法不太好，卻還是有如此念頭。「如果可以換個對象的話，不，如果能夠早一些發現的話，也許生活會過的比現在美好。」大多數人是不是懷著這樣的想法，度過了三十年的呢？

這雖然不是等同於在梅雨期著陸的外星人，但是，也有相似之處。在此，構思的轉變是重要的，應做出新的構思：一是有必要經常考慮有沒有新的視點，二就是要知道努力和下工夫的重要性。

2・開拓第三條道路

正向思考，聽起來似乎很難，可是，稍微注意的話，多會有「原來如此……」的感覺。這不僅僅適合大家的認識水平，而且還適用於在不同的立場上做思考。譬如，就我本身來說，我在眾人面前講演的次數越來越多，但同時也在寫書著作，對寫書的人來說，外出越多，就越沒有時間寫作，這是個法則。所以，作家們喜好隱居山中等安靜之處，專心寫作。如果不減少交際，就沒有充足的時間，來完成著作。

這個法則對我也不例外，要活動還是要寫作，如何取捨，使人左右為難。可是，這兩者真的是對立的嗎？不妨試著從兩者並非對立的、相反的思路去思考。

譬如，計畫完成一本書，就可以研討會的內容為基礎，具體來說，在兩星期一次的演講會上，與觀眾見面，把演講一個小時二十分鍾左右的內容編輯成書。

如此，不寫作也可以出書。當然，這並非每天都能做的，也未必完全能使用這種方法，只是說可以有這樣的思考方式。

那麼，作家們是否都可以使用這種方法寫作呢？答案是否定的。因為，文章語言和口語不同，口語是無法變成文章的。作家會拘謹於文章用語，譬如，用什麼文字，什麼連接詞，句尾是怎樣結束的等等，作家會很在意文章的表現方式；如此一來，所說的話語也就不能直接編成書了。

然而，也有一開始就認清現實，用口語的文字來編著書籍的方法。

試想，從讀者們的立場來看，能有收穫最重要，至於文字的表達是否完美，並不那麼重要。所以，只要能充分表達內容，易懂即可。如果熟練的話，用說話的語言也能夠成為好書的。認為不行的人，是對文章表現過於拘謹、過於神經質，能放棄這些顧慮，就有可能兩者兼得。

當然，這是需要下工夫的。若想讓每一次的演講，都能成為書籍的一個章節的話，就需要在一個小時或一個半小時內，講出有相當密度的內容。如果問我是怎樣做演講的，那就是我在過去曾經鍛練過自己的記憶；我在讀書的時候，會用紅筆邊劃邊讀，對所劃的那幾行做記憶，其餘的不留記憶。所以，讀過的書其精華，書名姑且不論，已記在頭腦中，繼而能運用自如；我是如此運用頭腦的。

經過這樣的訓練，在演講時，就能在頭腦中用紅筆邊劃邊講，也能明白讀者對自己所講的哪部分會劃紅線，在此的每一頁放入兩行重要部分，便可成為像樣的書，就這麼簡單。雖然在演講中會稍做閒談，但若在一頁中能有兩、三行可畫線的內容，就能成為一本書。

如此，人們在讀完書後，就不會有划不來的感覺。把它做為技術加以訓練，效果是會提高的，經常去注意、去努力，便會有進展。

以上是介紹我自己對現在的工作如何做「正向思考」的例子。雖然各位的立場不同，但是，用這種思考方法，也必定可以做出名堂的。譬如，在觀察己心時，有沒有哪一件事情是矛盾不已的呢？A、B兩個選項，要A就得捨B，要B就必須捨A，如何是好呢？各位一定常會有如此的煩惱。

或者，想要參加真理傳播活動，可是外出的話丈夫就不高興，而造成夫妻失和。不去的話，丈夫心情雖然會好，可是自己卻苦悶。哪一個重要呢？類似這樣的事列舉不完。其實解決的方法是，帶丈夫一起去，一同參加也是一種方法；除此之外也還有別的方法。

因此，當對立的價值觀出現，自己感到痛苦時，不要簡單地站在選擇或拋棄任何一方的立場，而應該將對立的東西進行統合，或者說，在某處必會有「第三條道路」，要不斷地去思考，持之以恆下工夫，眼前的道路便會展現出來。

做越多的訓練，好的想法就會越多。重要的是思考的訓練，經常把它當作一種習慣來訓練，就容易得出好的想法，你也就會培養一定的實力。

有了實力，遇到問題便知道如何分析，進而得出互利、非對立的結論。用這樣的方法便可以解決問題，如果行不通的話，再想出下一個方法。有了這樣的鍛鍊，以後在兩、三秒鐘便能夠考慮周詳，煩惱也會煙消雲散，剩下來的只有希望。會有第一希望、第二希望、第三希望，而無煩惱殘存。

這樣的思考訓練，與只區別善惡、和只能選擇一種的思考方法不同。它是對自己所處的環境、化解人與人之間的衝突對立時，可使用的思考方法，是一種不同於往常解決問題的思考；做這樣的訓練會帶來許多的樂趣。

3・轉敗為勝的反向思考

各位每天長時間的在做工作，或許會得到滿足感，但是，我想各位也常常會有工作好像都做不完的感覺。這類情形，多半是因為因循守舊，而使工作效率下降。這樣的人在精神上是貧乏的，屬於這種性格的上班族，常常得放棄假日的休息。

這種假日不休息的人心想：「我如果休息一天，就會積壓隔天的工作，這樣會給別人增加負擔，所以不能休息。」就這樣，逐漸轉向類似自我懲罰的思考方法。或許又會說：「各位只管去休息吧！反正我是不能休息了。」在這時候，別人的工作也會找上門來，便更加辛苦了。而結果就是，工作效率更為降低了。

這種時候，若能想開一點而去休息的話，就是一種解決的辦法。一般來說，連續休息三天以上，上司和同事們會生氣，有的公司還會提出警告。但是不妨大膽想一想，若整整休息一週，到底會有什麼結果呢？

首先，應該會想到由自己負責的工作會停頓下來，給別人添麻煩，耽誤客戶。其次是想到他人的目光，這也是至今沒辦法休息的原因，別人會不會想：「這小子光玩不工作、是個只知道玩的家伙」，或者「叫我們怎麼辦啊？我們可不是不能休息了嗎？」等等。

一般人對此會做出退讓：「我看還是算了吧！還是請個兩天假就好了！」

這個時候，可試做逆向思考，即：「是不是真的沒有那種既可以休息，也不給別人添麻煩，又對自己有益的方法呢？」很意外地，是有這種方法的。譬如，想要在八月休假的話，事前就將未辦的事項辦妥即可，這是靠努力便能夠解決的問題。迫使自己自動地呈現無業務的狀態，要讓周圍的人認為：「我的工作都做完了，年底前的業務已經全部完成了。」

到底這要怎樣做呢？其方法就是要以異於尋常的效率，去完成下個月的工作量。將實際上到八月底之前完成就可以的工作，提前完成。如果害怕休假之後的閒言閒語，那就連九月份的工作也做完，把全部的工作都往前移就對了。

如此一來會如何呢？本來以為每天的工作，這個多到好幾個月都做不完的工作，原來只是潛意識裡自己想沒事可做，只好保留業務不做。擔心每天去公司無事可做，於是每天分配均等的工作量。所以如果想要快點完成工作，還是可以辦到的。況且，在休長假之後，會有一種罪惡感，擔心自己有可能會受到別人的指責。於是便會以此為動力，加倍努力，將今年乃至明年三月左右的工作，在短時間內將之完成。這樣一來，自己在公司更是落得輕鬆。這就是將自己過去認為是障礙的東西當作槓桿，反過來去考慮更為有效的工作方法。

再提供另外一種思考方法；若是因為擔心休假期間，會給周圍的人增添麻煩，那麼就應該把自己的工作做明確的交代。這是平時很少去想到的事，因為，平時自己身處其境，做份內的工作，對何時何地所發生之事皆是自行處理。所以，對如何向同事交代事情，很少加以思索。試想，自己如果休假之時，別人將代替你接電話、接替你處理工作，或者代替你接待客人，做法會不會與你相同呢？所以需要明確交代自己的工作，或者使用最佳的方法讓他人明白。

自己的工作內容，程序不明確化、不書面化，不能讓任何人接手都一目了然的話，是不行的。規定了對各種事態的應變，他人才方便代理。如此，在休假之前便可交代：「若遇到這樣的問題可以用如此方式解決；若是有人打電話來詢問某事，屆時做如此回答即可。」如此將全部的事情加以明確交代，事情便能順利解決了。

如果不預先做安排，而突然對同事說：「啊，我明天開始休假，再見！」就這麼走掉的話，周圍的人不生氣都難。客戶來電話需要當天回話，同事便會很為難：「他人不在，不知怎麼辦才好？」若因而心生不滿，以後便會說：「這傢伙是什麼東西呀！」等不中聽的話；然而，這其實都是自己的過失。

所以，面對這種似乎是不利或者無法兩全的事態發生時，應以此為跳板，一鼓作氣的提高工作效率，或者提升自己的工作水準。任何事肯定有其解決方法，雖然因人而異，但絕對是有的。做店面生意的人，好像一天到晚都在與顧客周旋，心中會常想：「忙死我了，忙死我了！」嘴上也會這麼說，可是，真的有那麼忙嗎？想一想，其實是有時忙、有時閒的狀態。真的是一整天都在工作嗎？十二個小時都在工作嗎？想一下，還是可以找到不少空閒時間的。

在發現了這樣的時間後，不妨細思量，可否利用空閒時間做些不同的事情。假如是開餐館的人，上午十一點到下午兩點之間很忙，接著就是從五點以後又開始忙了，在此之間都有空閒的時間。像這樣的人，常會自認為一天中都在工作，但如果把工作結構化，有可能在白天很快就可以抽出兩個小時的空閒時間。

不過人們或許會做這樣的反駁：「根本就不是這麼一回事！傍晚的營業時間是從五點開始，之前的備料工作也是相當忙的。」這就要問：「那麼備料工作在上午做不行嗎？」卻常常聽到「上午只做中午的備料」的回答，而不考慮別的可能性。我認為，這是因為沒有嘗試過，就加以否定。如果，把這些問題在某一個時間內予以解決，便可以抽出時間。許多與此雷同之事，可以多使用這樣的思考，煩惱即會逐一消失而去。

人在世間總會面對或大或小、或左或右、或進或退的選擇，這時，優柔寡斷的人很容易會陷入痛苦的漩渦、遭受到挫折。不可以只會考慮「Yes」或「No」，還必須時常去思考是否還有其他的答案法。這是非常重要的思考方法，會不會使用這種思考方法，將使人生產生很大的不同。

人生就像打棒球一樣，打擊率能夠達到什麼程度是難以估計的，將人生完全用打擊率來比擬或許不盡理想，但是會反向思考的人，打擊率絕對能提高至三成。至今輸多贏少的人，或者得勝率不到五成，甚至不到三四成的人，雖然利用反向思考不可能達到全勝，但至少可以讓現狀提高三、四成都沒有問題。

就算結果不如人意，至少在這之間不斷思考，就有可能轉變自己的下一個局面。能夠這樣思考的人，一旦在頭腦中整理完備後，便可在下一個局面操作自如。

4・佛所創造的世界中，萬事萬物皆有意義

總而言之，用別的詞句來表現正向思考的話，是不會讓你枉費心機、徒勞無功的。從側面來講，無論出現了什麼情況，這是必能與下一個飛躍相連接的思考方法。如果過去累積了不少失敗的經驗，並想從這些失敗的經驗中得到什麼，這個想法本身就是正向思考的方法之一，也就是說，累積至現在握在手中的，並非無用之材料。以鯨魚做例子，它渾身從皮、骨、脂肪到肉都可利用。同樣地，對於那些曾發生在自己身邊的事情、事件等，全都是你可以加以利用的可貴素材。

再談人與人交往時，會有喜歡或討厭的人。與喜歡的人相往來是很愉快的，但是，若遇到討厭的人時，也等於是在生活中找到了真正的負面教材。各位可以對此人為什麼有讓人討厭的人格做徹底的研究，實在是沒有比這再好的機會了。「這個人為什麼會如此失敗呢？為什麼有這樣糟糕的性格呢？為什麼會說如此缺德的話呢？為什麼總是有這樣悲觀的想法呢？」做了這樣細微的觀察後，便會得

到許多的學習材料。

如此歸納出的結論，便是諸位各自的儲蓄。我們的儲蓄不只有銀行的存款，還包含了自己所觀察的人生百態，以及所經歷的各種經驗。這是在任何時候都可以提領出來，屬於自己的儲蓄。儲蓄越多的人，越容易成為成功者。

另外需要強調的是正向思考的理論，絕不是只針對個人的問題。

每談及正向思考的話題時，常聯想起自我實現的問題。這兩個理論當然有相同之處，但是，正向思考論不單是為了自我擴張而使用的理論。要分清楚，這絕不是為了易於自己生存的理論。

做為正向思考理論的基礎到底是什麼呢？如上面所列舉的鯨魚一樣，被創造的及其一切，絕對沒有無用的東西；這是思考方法的根本。可是，人類在生存的過程中，對所遇到的人生問題，會發牢騷、怨言、出現欲望等。於是，世人逐漸形成了世間難於生存，或任何人都是惡人的負向心境。

否定這種想法是正向思考的前提，認識不到這一點，就不可能做到正向思考。

我們所居住的世界不是偶然形成的，世間是在巨大的善念、聖念之下被創造出來的。在現實中，的確存在著各種問題，存在著惡，但是這絕非天意。

人們生活在這樣的環境中，所感覺到的不順利到底是什麼呢？痛苦的是什麼呢？不就是因為不肯相信世間是如何被創造的真相才導致的嗎？不就是無法理解是佛的完美之願所創造的、由佛的善念所創造才導致的嗎？仍在誤解或曲解嗎？這些是思考的根本。如此去分析的話，思考方法便會轉變。

人首先要承認：「原來自己是在評價世道、評價人或是評價自己的命運。只是從考慮自己的利害關係與否去對待善和惡，總是看到不利的一面，埋怨這世道如黑暗的地獄。但是，從根本上看，世間是佛創造的世界，相信這個世界是美好的，即是出發點。如果自己不能這樣思考，就是在誤解和曲解。」

這樣考慮，便會對自己的觀察方法和思考方法提出疑問。如果是以善為前提，就不會認為眼前的環境是對自己不利的。如果不這麼想，那就是判斷上出了問題。如果能夠將被賜予的一切事物，以及讓我們能夠生存的世界上之種種，都當成是自身靈魂的營養劑，那麼將不會有無用之物。

5・與自身之「業」積極對決

各位，我們生活在佛神所創造的世界中，這是第一大前提，其次引伸出下一個前提，就是眾所周知的「輪迴轉生」的法則。

人類為了做永遠的靈魂修行，會不斷地於世間轉生，當能夠從這個角度來看待磨練時，這個磨練的意義就不同了。當能夠以輪迴轉生或永恆的生命為基礎去思考時，眼前的事必會得出完全不同的結論。當你面臨煩惱時，這就表示你正在面對「人生習題集」中的一個課題。要試想：「現在自己所面臨的靈魂修行，有其重要的意義。這可有趣了！真令人振奮！」

拳擊手在登上擂台之前，或許會披著毛巾對假想敵做揮拳練習，但是，只有練習是不夠的。比賽開始之時，終究要放下毛巾，在裁判呼喚後必須登上擂台。

這時即使想去廁所也不行了，這已是非迎戰不可的時刻了。

所以，現在所處的困境，就像是為了參加錦標賽，像美國電影《洛基》所描繪的那樣，經過一個月、兩個月或者半年的練習，終於登上了擂台。正是為此才轉生而來，不，比這次轉生更重要的是在轉生之前，經過了幾十年或幾百年，在實在界某處修行，並許下誓言：「請看著吧！這一次我會出色地完成修行。」然後轉生到地上界來。光看這助跑期，至少也花了幾百年，也有花了更長時間的。累積了這麼長的賽前練習，才得以在錦標賽中上場。此時，對登上擂台還有什麼好說的呢？已無退路了，只有拿出勇氣、毫不顧慮地將對手擊下擂台。

對手如果是人，在被擊中後確實會感到疼痛，但實際上並非如此。在各位面前看似問題的東西，只不過是海市蜃樓。這些以問題的形式、煩惱的形式所呈現的，終究只不過是各位本身的「業」而已。在擂台上與之決鬥的不是他人，正是自身的「業」。所以，不將其擊下擂台是不行的，這就是今世的使命。這是從另個觀點來說明正向思考，是從熱情、熱忱、熱心和勇氣的觀點說明的。

若要問在登上了擂台後，應該想些什麼的話，那只有振奮起來，因為自己正是為了這個時候而累積了長期的賽前練習。如果在這時，還在擂台上說自己頭腦不好、環境不好，或是父母不好、兄弟不好或者貧窮等等的話，那就相當於雙方走上擂台，四拳相碰、四目相視的時候說：「我沒有怎麼練習，腿還僵硬著呢，從昨天起腰就很疼……」、「從昨天起腰就疼得不行，肩腫腳軟……」、「我本來就沒有什麼肌肉，也沒有韌性。教練也差勁，完全沒教我，這次勝負無關緊要，反正觀眾也都認為我會輸的……」如此辯解的人，對手僅有一句話可說：「你在胡扯些什麼啊？」然後狠狠一拳將其打倒在地。

上了擂台後，還去暴露自己的弱點是不行的。必須牢記，在與自己的「業」做決鬥之時，切不可暴露自己的弱點，如果有不利自己的條件也不可說出。不說出來，是不讓對手知道自己的弱點，即使體重只有一百四十磅，也要像有一百六十磅的氣勢挺起胸膛。反過來，要使對方感覺到與自己有著二十磅的差別，有可能會被自己給打倒；要把所有方面都往好處想才行。

6・正確對待他人對你的評價

或許有許多人對自己的身材懷有自卑感，認為自己身材是很完美的人，更是少之又少；據說連瑪麗蓮夢露也覺得自己的個子不夠高。任何人都不可能會有十全十美的身材，所以，總是對身材有自卑感的話也無濟於事。

在上班族的世界中，有一句很忌諱的話：「你很帥喔！」這看似被稱讚的話，其實是暗示自己已無發跡的機會。據說，當有人向你說這樣的話時，表示一切機會都沒有了。這是為什麼呢？會發跡之人，當然工作能力強，在別人看來就已經很有氣勢了，如果他長得帥，便會氣勢如虹、如虎添翼。但這會引起什麼結果呢？當然是被周圍的人嫉妒，或被排斥、被扯後腿，所以難以出人頭地。

長得帥但沒有工作能力的人，是不可能發跡的。如果能發跡的話，想來必是靠長相吃飯的世界了。在這樣的世界或許有可能發跡，但是，一般上班族，長得很帥卻沒有工作能力，是不可能發跡，這是因為能否升遷並不是由女職員、追求者投票決定的。反倒是第一印象不是很引人注目的人，反而會發跡。

如果可以的話，請各位拿出一張紙，把現在的煩惱全列舉在紙上，能寫出多少呢？我想既有身材的煩惱，也有精神上的煩惱吧！但是，要寫的話，一般也只能寫得出二、三十條而已吧！如果能寫出一百、二百條的話，可以算是天才了。一鼓作氣地寫寫看，是否能有一百條身材方面的缺憾，有百來條精神上的缺陷、內心的缺陷等，請嘗試一下。然後，對此想一想，真的是如此嗎？如果是女性，一定有人會對自己缺少女性魅力而煩惱。但缺少魅力就真的那麼不利嗎？倒也未必如此，因為太有魅力而在應徵工作時落榜的，也大有人在。

反之，那些不具魅力而獲錄取的合格者倒是很多，就是這麼一回事。如果有一位贏得校園美女冠軍的人來應徵的話，結果也多半是不被錄取的。「進公司後用不了一個月肯定會出問題，還是不用為妙。」主管通常會有這樣的判斷；這類的事情不勝枚舉。

所以，要好好地想一想，對自己這些不利因素的主觀判斷，到底是對還是錯?自己所看到的煩惱,是不是也會是一種強項呢?看到這有益的一面之後,就有必要朝這方面努力去嘗試,便能夠出現無限的可能性。

7・努力的價值

一定有不少人為自己的頭腦不好而煩惱,一旦認定了自己不中用的話,也就不會有更大的發展了。

有自知之明,能夠察覺到目前的自己已到了極限,也是很重要的教育。若能察覺到自己何處不足時,就會發現到如果繼續努力的話,就必定會產生價值。於是越努力就越快樂,越努力就發現處處都是學習的對象,越努力就越是有趣。

人在退休後,應該對自己的生命再重做考慮。許多人會很悲觀地將往後的壽命看成只剩下五年、十年,認為反正只剩十年左右,已無所可作為了。

在這個時候,應該要斷然地下定決心延長壽命,人生的計劃應該規劃到一百二十歲左右。所以，我要特別對壯年階段的人士說，請各位規劃出一百二十歲左右的人生計劃吧！如此一來，便可以清楚下一步要做的是什麼。譬如，現在是六十歲，那麼到一百二十歲還有六十年，在往後這六十年間，不可以像現在這樣漫無目的的過日子。首先面對的十年是像幼兒般的時代，其次的十年是少年時代，接著是青年時代，到了九十歲左右就應該是戀愛的時期，之後便是百歲，這段期間應有著各種變化。在九十歲這樣青春的時期去世的話，有甚麼好後悔的呢？我看沒有任何值得後悔的吧！

8・付出努力可使壽命延長

努力可以使壽命延長，一般來說，壽命的長短不是百分之百不變化的。在人生中會安排有做為章節的曲折點，這是預定好的。在五十五歲、七十歲、七十五歲或者八十歲等時候，在各種地方都會有章節和曲折點。但是，這只不過類似天氣預報，有百分之八十的可能性，或者有百分之五十、六十左右的偶然性，不是絕對的。在這曲折點上，如果發生思想性的變革，壽命便可以得到延長。

如果問壽命被延長的原因是什麼，那便是此人尚有存活於世間的理由。如沒有存在的理由，便會離開世間。反之，是會被容許在世間繼續生存。要延長壽命的人，必須創造出自己生存的理由，最大的生存理由，就是上了年齡仍有工作等著完成。所以，要對此做好計劃，要有這種發想。

我也想提醒壯年人，當做了一百二十歲的人生計劃之後，自己的煩惱會隨之消失。明確必須要做的事情，依序完成，即使在途中倒下去，只要有在來世再做修行的意願就好。所以，青年人一定會為了還有將近一百年的時間而躊躇，到底要如何運用呢？如果不做出各種計劃籌備是不行的。不過，一個計劃要花費近百年的時間也未免太長了。

因此，青年人必須要去編造複合型的人生。為了百年人生的幸福，必須做出各種的準備，單色的煙火是沒有意思的，重要的是必須準備兩種、三種、四種，多準備幾種，佈設未來腳下的基石。現在播種下去的，終將在三十、四十、五十、六十歲開花。如此一來即可成大器，這也是一種教養。教養不是當下要用，便可以找到的，這樣不能說是有教養。所謂教養，在將來也許有用，也許無用，但是，那確實是為了自己而不斷地吸收營養、踏實地學習和掌握知識的工具。為此，必須做出宏大的計劃。

如果這樣的學習，或者是各種教養的部分或經驗的部分，在現實中不能發揮作用，也並不會使你吃虧。若問離開世間時所能帶走的是什麼，那就是自己一生所習得的東西。即使在世間並未因此而得到什麼成果，但也可以說，這幾十年來度過了如此高密度的人生，終究是得到了收益；希望各位能對此這思考方法多試一試。

第三章／人生與勝利

第三章　人生與勝利

1．健康生活的方法

①心被肉體的條件所束縛

我在眾多著作中，嘗試從各種角度談論心靈的問題，而且，也談到超越個人之心的「大宇宙之心」的問題。即使有各種大的課題，其出發點仍舊是在個人之上。在考慮個人的問題時，即使人們本來是靈魂，但是，也不能否定現在依舊生活在這個三次元世界的事實。即使本來是實相世界的居民，即使這是本來的姿態，卻無法否定目前正生活在這世間的事實。在世間生活，就是要選用適合於世間生活的存在形式。

這種存在形式是什麼呢？就是要透過這所謂的肉體來表現自己。不管是多麼高層次的靈魂，除了透過肉體來表現自己之外，再也沒有其他表現方式了。僅是以光的形式，是無法在世間運作的。即便以光出現在世間，要想用口說話、以目光接觸人，或者寫出頭腦中所考慮的東西，無論怎樣，不透過肉體是無法表達的。

所以，這一部分非常重要。不應該對肉體本身做否定，也不要說因為原本沒有肉體，就輕視肉體的作用。總之，立足於三次元，應該以如何去生活做為課題，所以肉體的問題不容忽視。

尤其談論到心的問題時，惡靈的問題不容忽視。大家也可能會遇到惡靈，對如何去克服，則是一大課題。此時，雖然有「反省」的有效方法，終究還是有反省之前的問題。因為「心」不是獨立存在的，心會受到一定條件的束縛，在一定的條件下，總會體現出肉體的局限性。這肉體之條件，如果得不到充分配合，自己的心終究會受到壓迫，向錯誤的方向蠢動。

②駕馭肉體

所謂肉體，就如同一部好騎的自行車。各位剛開始學騎自行車時，有過什麼感覺呢？那麼不安定的兩個輪子，怎麼好走呢？難道不會覺得不可思議嗎？

各位小時候應該有過裝上輔助輪後，才騎自行車的經驗吧！還記得嗎？先放下後面兩側的輔助輪再騎，這樣安裝了輔助輪的自行車，看起來好像比較安穩。

當取下這輔助輪，跨上自行車，在不安定中要自行車向前行駛是很難的。怎樣才能讓自行車平衡呢？平衡的本身就已經很困難了，何況還要向前。不僅要前行，還得環顧左右，在遇到交通信號時，不得不決定是要向左轉還是向右騎？遇到上坡時，必須克服上坡的阻力，在下坡時，也難掌握煞車的鬆緊。一想到這些，就會對這交通工具產生一種極其不安穩且危險的想法，並不奇怪。

然而，當每天都騎自行車後，車好像變成了身體的一部分，而能自由自在地駕馭。對靈魂來說，肉體也同樣難以駕馭。原認為是一種束縛，然而，在自己的支配下，在運用自如的過程，便逐漸感覺已是自己的一部分。這與騎自行車是一樣的，如果能騎得自如，自行車是個很有用的東西，但是，如果無法如己意操控的話，事情就糟糕了。兒童騎大人的自行車，既不穩又危險，而如果煞車裝置損壞了會如何呢?龍頭歪了又會如何呢?總之都是很危險的;肉體也是同樣的道理。

我以「人生與勝利」為題要向大家說明的是，能夠維護肉體健康的人，就是取得勝利第一步的人。這是無庸置疑的，並且肉體的健康，是操縱在每個人的手裡的。如同自行車的龍頭、煞車或者車胎內的空氣一樣，細心修繕，就能夠充分的使用。然而，如果在車胎沒氣時，輕率地認為無關緊要的話，在關鍵的時刻，自行車將無法前進。在煞車不管用的時候，路上車輛稀少的情況下尚好，但在突然出現大量車輛時，則會出麻煩;肉體的情況也相同。

③ 管理肉體的責任在自己身上

生活中經常留意健康，肉體是可以完成本來的目的的。不健康絕不是他人造成的，自己必須對自己負責，肉體的健康管理，是自己的具體課題。

有一位原在自衛隊的軍人，聽他說有一種跳降落傘的訓練方法。一開始的訓練從二十米左右的高處往下跳，接著就從八十米左右的高塔往下跳，隨後是從兩百米或三百米的飛行高度中的飛機裡往下跳，在達到一定的高度時打開降落傘。據說，保養降落傘是唯一不假他人之手的事情，是由各自進行保養的。這也是理所當然的，萬一在高空中，降落傘打不開的話，也就性命難保了。

自己在保養上如果出錯而不能打開傘的時候，則是自己的責任。如果委由他人保養以致打不開傘的話，想在半空中抗議也來不及了。用這降落傘來當例子或許感到有趣，但事實就是如此。

如果拿此來比喻的話，可以說人是靈魂，而降落傘的部分就是肉體，有了損壞或者不能打開時是不得了的。在靈魂的修行中，肉體所出現的障礙、重大的毛病，事實上這都是一種考驗。不管是否曾預想過，那都是很大的考驗。自己要對自己的身體負責，不應該讓自己的肉體去承受風險，否則，會使心產生不良的影響，歸根結柢都是自身的問題。

這與每個人來自哪個靈界的次元，是沒有多大關聯的。即便是光明的菩薩，輕視了肉體一樣會生病，因為這是一個法則。這就如同世間的法則，車胎被釘子刺入就會洩氣一般。肉體必須兼顧適當的休息並給予營養，不這樣做是不行的。

不能因為職業的棒球選手有非常強健的身體，就讓這個投手每天都當先發投手上場，這樣的話，不消一年，此人也許就不能再當棒球選手了。

雖然每個人都能明白這個職業棒球之例，然而，具體看待個人的情況時，就變得難以理解。自己的肉體能夠承擔多大的工作量？需要何種程度的休息？要進行怎樣的休養，才能有最佳的發揮？這些在學校是學不到的，老師也不會教。凡事都要由自己負責，與心的問題一樣，肉體的管理也是要由自身負責的。

④心與肉體的關係

這方面的事，原則上是沒有人指導的，必須要靠自己的關心與管理。譬如，有不少的老年人好發牢騷，人過六、七十歲，牢騷就變多了，而且易患憂鬱症，擔心未來，或為過去的事情苦惱。你也許認為這只是心的問題，不用說這也有心的問題，但是，為什麼隨著年齡的增長，會變成這樣呢？肉體的虛弱就是其中很大的原因。

首先，是骨骼退化，骨骼退化後，便難於行走而不自由。於是，便會累積對周圍的埋怨，進而發牢騷。有這樣的牢騷，別人的心情也會變差，結果便引發家庭不和。原來是很單純的事情，只是因為到了退休的年齡，身體沒有活動，而發展成為心的問題，進而影響別人，造成家庭中的不協調。只因為離開了工作，運動量減少，而個人又沒有想到要去克服這方面的不足，所以便造成了不良的結果。

與此相同的事情，也可以在女性身上發現。有飲食過量的人，也有得了厭食症而不吃的人，儘管各有不同，我認為她們都是忘記了「中道」的生活方式。為了想吃蛋糕，連飯都不吃，整天全是蛋糕、蛋糕。以為每天能夠吃到兩個大蛋糕便是幸福，所以不吃飯，吃完蛋糕後卻拚命地減肥，漸漸地，身體的狀況逐漸變差。即便會變得如此，也有寧死不懼，而甘願吃蛋糕的女性。

也不是說不能理解這種心情，但是，人還是要知所節制。這樣下去，身體不垮下去才怪，這是自作自受，光吃蛋糕是無法生存下去的。對人體來說，營養必須要均衡。

巧克力吃多了會蛀牙，別人無法為你負責。這不是佛神的責任也不是別人的責任，而是自己的責任，所以，就有必要對肉體進行管理。尤其是要運動，這是沒有人可督促的，沒有人會告訴你如何在現有的環境中運動。要知道身體也是財產，要做保養。在個人所處的環境中，在可能的範圍內，是一定能夠做得到的。如此一來，心也會變得堅強起來。身體強壯，心也會相對地得到強健。

所以，精力好時，要保持住光明思想；精力不足時，則要進行反省。一般來說，精神上躁動之時，很難進行有效的反省。在飄飄然、奔走四方的狀態下，是不容易進行反省的，這樣的時刻，要以光明思想處世。在稍有憂鬱狀態時，再進行反省。這樣做下去會逐漸地熟練，請各位將光明思想以及反省，與健康的管理一同認真地加以思考。

2・豐盈財富的形成

①關於宗教性的人格

在具有宗教性格的人之中，有許多人將財富視為一種罪惡，他們有一種不可持有財富的意識。這一點，佛教人士如此，基督教人士也同樣。由於每個人對財富罪惡感的程度不同，也就使人們的貧窮程度出現了相對應的差別。如果強烈地認為持有財富之人將無法進入天堂之門的話，此人是絕不可能成為有錢之人的。

可是，僅是如此倒也還好，比較糟的是，自己不能成為有錢的人，便對有錢之人怨恨、嫉妒或批判，內心便開始變成地獄。這是自己將自己束縛，產生不協調之例。對金錢或其他的財富保持無欲的態度，兩袖清風，這也許是一種美德。然而，一見有錢之人，便開始說「你會下地獄」等話語，自身心中產生「烏雲」，不斷擴增心中地獄的領域。所以，一旦產生了束縛自己、批判他人的傾向時，就需要當心了。

還有一個議題，就是異性的問題。在金錢和異性方面，對有宗教性人格的人來說，是很容易走上岔道的，甚至會有人深信一結婚便要下地獄，甚至也有趨於去相信此說法的人。雖然不知哪種人多，但是這種人的確是存在的。

②將財富做為獲得幸福的方法

我認為重點就在於此，想一想為什麼會有所謂財富的問題呢？當然，這是包括金錢和金錢以外的資產等。在實在界也有所謂富裕的表現形式，但絕不會有貧困。富裕的呈現是多彩多姿、多元化的，清心之人其願望易得以實現；實在界的人們都生活於富裕之中。

可是，在三次元則不同了，因為沒有恰當的形式來表現富裕，所以使用金錢作為一定程度上的表現，當然，別的形式也可，只是做為一種表現形式，才出現了金錢。重點是要以如何的心境、動機來運用這個金錢。

譬如，某團體打算建造講堂或是會議廳，而需要資金。如果將資金投在建造這類建築物的話，會產生什麼結果呢？這個團體可以在此召開各種會議，而且，在空檔時間還可以租給他人，提供很多的方便。可以說，這是一種用資金創造空間之例。

那麼，空間產生之後又會如何呢？人們有了活動場所後，隨後，便會帶來喜悅，會產生幸福。我認為，這樣使用財富不但可以創造出空間，結果又能與喜悅相連接。

在財富方面受挫折的人實在很多，如果真正希望這個社會轉好的話，真正有正直之心的人，就必須傳授財富的使用方法。財富的形成，必須有利於心朝向正確的方向發展，如此，社會才會好轉。重要的是財富必須朝正確的方向，朝建設烏托邦的方向流動，成為讓更多的人能夠獲得幸福的一種手段。

③ 不可因自身貧窮而忿忿不平

在此，我想說的是不能強迫每人都有一樣的信條。所以，認為清貧、兩袖清風是好事，其本身是沒有什麼問題的，將清貧作為生活的信條，當然也可以，也有這樣的生活方式。

但是，在這種情況下，要警戒自己不要去羨慕他人，請務必在這方面自律。甘願清貧，是個人的自由，但是絕不能以此做為對他人的裁決。人有各種各樣的生活方式和思考方法，自己以清貧為榮，但是絕不能將此強加於人，更重要的是，不要羨慕或嫉妒他人。

如果將以清貧為榮之心轉變為嫉妒之心，這個所謂的貧窮便是惡。假使貧窮使心不受物質的牽掛而變得清爽時，貧窮才是善。但是，若貧窮反過來讓心產生對他人之物質的羨慕和奢望，使心中產生烏雲，這貧窮就是惡。如果在自身或身邊發現了這樣的惡，就要與其相抗、去克服。假使貧窮束縛了自己，憐憫自己，並且羨慕他人、嫉妒他人，就必須努力去克服。

儘管也有人因為資產過多而煩惱，但是，與身無分文或者負債累累相較，畢竟還是手中握有大量的資金，較容易得到心的協調。常言道：要有不為金錢操心的財富，可以說，這是一個原則。我認為這種程度的財富，終歸是善，讓人能感到自由的金錢，畢竟是善。如果對此不敢肯定的話，則會過著羨慕他人的悲慘人生。

如果想過清貧的生活，便不要去羨慕他人。假使自己羨慕他人，就要努力擺脫這種貧窮，應該明確設定自己的目標。如果，以一定的富裕為目標的話，就必須付出相對應的努力。

④財富形成的三個基本原則

第一個原則是古今不變的，即「節儉」，就是要節約、節省和避免浪費，這是出發點。如果過著浪費、胡亂花錢的豪華生活，即使財富再多，也會逐漸減少。

家族的第三代為何總會破產呢？原因就在於此。俗話說：「第一代創業，第二代發展，第三代敗家。」這是因為在一般的情況下，生活水準變高，便容易忘了努力，若再加上鋪張浪費的話，就會走下坡；企業家的家業均是如此。

首先，節約和節省是第一原則。

但是，倒也不是要吝嗇，非常遺憾的是，錢財是不會拜訪吝嗇之徒的。不是說要吝嗇，而是要避免浪費。對自己的福運，對自己的金錢，懷著節約的態度是很重要的。

第二個原則，即「財富是朝著知道使用方法的人之處集中」的。財富不會積聚在空曠的田野上，而是朝知道使用方法的人之處集中。銀行之所以能夠匯集存款，是因為銀行知道如何運用金錢，人們明白這一點後，金錢便會集中而去。同樣，在個人的層級上來說，財富也終究是會朝知道如何使用的地方集中。

譬如，當開始打算建造房屋時，便會想要努力增加收入；或者說孩子很多，想讓他們全都上大學，雙親便不得不增加收入。因為財富是會往知道如何使用的地方集中，所以如果自己想致富，就有必要讓財富的用途明確。先是明確財富的用途，接下來就要考慮需要有多少資金。不需要錢的人，是不會集中很多錢的。即使有些儲蓄，也是有限的；錢財會集中到具體想興創事業的地方去。

在日本，財富四處洋溢，這些財富正在尋找使用者，而且這些財富會集中，就像血液一樣，會向被需要的地方集中。在日本到處都有錢人，但是卻不知道如何使用財富，當出現了有具體想法的人，說明在何處可以有效的運用資產，財富便會向此人流動而去。

開創事業就是如此，當某個事業一旦展開，錢財便會向那兒集中。有的來自銀行，有的是共同合資，也有的人是提供空間等，以各種形式展現出來。在此，先有致富的主意，如果這主意具備有感動人心、具備了使各種能量向其集中的力道時，錢財就會集中而來。因為，財富會朝有想法或者有熱情的人集中，所以，重要的是如何為此傾注理想。

第三個原則是「施便是得」的法則，這與心的法則完全相同。即使集中了財富，卻想獨自吞食是不行的。要時刻想到如何使他人的生活能夠過得更好、如何才能令他人更加幸福，如此使用財富時，肯定會使財富得到循環。

只是考慮自身而使用財富時，這財富便會逐漸被消耗。但如果是想為更多的人貢獻，便會日益興旺，不斷得到更大的財富增值。

人們很熟悉的美國汽車大王亨利．福特，就是典型一例。福特僅用一代的時間，便建立起龐大的財富，他是怎麼辦到的呢？原因是福特有一種強烈的願望，即他想創造一個使更多的人，如服務人員、工人、一般職員等，都能夠買得起汽車的時代，他想造就這樣的一種世界。他懷有著這樣的願望，希望能夠製造出一種，一般人僅用薪資、用一年的薪水便可購入的便宜汽車。

已過世的松下幸之助也是如此，他有一個著名的自來水哲學。自來水雖然不是免費的，但是能夠無窮無盡地得到供應，所以，即使有路過的人喝了一口你家的自來水，你不會說他是小偷，也不會說他偷水。但其實水不是免費的，所以事實上與偷水一樣。轉開別人門前的水龍頭，張口喝水，從某種意義上而言，這已構成了偷盜的事實。但是，因為實在是太便宜了，就像不用錢一樣，所以，沒有人會說這是偷盜；而且，也沒有因為水被人喝而感到可惜。

生產人人買得起的電器化商品，使其如同自來水一樣，這是可能的嗎？這就是自來水的哲學，是愛的哲學。於是，想要提供廉價商品的想法，造就了松下電器產業，這個經營利潤達數千億日圓的巨大企業。

這股造福他人的心情，會進一步得到收益，進而不斷的良性循環，這樣便會累積而形成巨大的財富。

所以，想要有無限的發展，就必須懷有施愛的心情。將愛分給他人，並非僅是把錢財給乞丐，而是要以各種形式助人。重要的是，要將財富使用在對人們有利的方向。

錢財使用的方法千姿百態，應用方法也是五花八門，但這就是根本原則。第一，要恰如其分地使用；第二，要明確財富的用途；第三，要有著將得來的財富為他人貢獻的心情。如果遵守了這三點，財富就絕不會是地獄之物。嚴格遵守這三個原則，財富必會成為天堂之物。希望大家能夠銘記於腦海，造就財富，由此形成巨大的影響力，這絕對不是壞事。

3・伴侶與家庭

①首先創造理想的自己

接下來，考慮到還有許多的單身者，所以打算談談尋找最佳伴侶的方法。

儘管有人為了尋找「得到最佳伴侶的方法」苦惱了十年、二十年，但是，答案卻意外地簡單且輕而易舉。正與大家所預料的相反，問題不在於追求，越是追求，對方也將越躲越遠。

大家或許會想，前面不是講過「努力才會有前途」嗎？不是教導過「有求才會有所得」的嗎？這是怎麼回事呢？一旦追求，即會消失而去，這是多麼無情、悲觀呀⋯也許很多人會有這樣的疑問。

當然，「有求才會有所得」是事實，「努力才會有前途」也是真理。但是，我想把話題僅限於「伴侶」這個問題來談。當然，如果想要結婚，是可以結得成的，這是事實。但是把焦點集中於伴侶問題上時，越是追求對方，對方反而離得越遠，這一點也是事實。

大家看過小狗或是小貓想咬自己的尾巴時，一直原地打轉的情景嗎？小狗或小貓覺得尾巴很稀奇，所以轉著圈追趕想咬住它，但是不管怎麼轉，還是無法咬住；尋找伴侶時，與這種感覺其實很相似。

然而，若不去追趕尾巴，而將其拋在腦後，只管往前行時，它自然就會跟在身後；但只要一追趕，它就會逃走。

同樣的道理，所謂伴侶，實際上可以說有如自己的半個身子，這是與自己有密切關係的一部分。想追趕時，卻會逃走，自然地往前時，便會尾隨而來。答案就在這，儘管有些不可思議，但這個比喻卻恰如其分。

以下想闡明兩點；第一，「造就一個能使對方感興趣的自己」。每個人都有各自的理想伴侶，有這種理想，首先就得先造就自己，使這理想的人出現在眼前時，會主動地提出「我想跟你結婚」的要求。

追求自己理想的對象，不是先決條件。譬如，自己的理想是個這樣的人，將自己認為理想的條件一一列舉出來，心想如果是這樣的人，便要跟他（她）結婚，然後去追求。非常遺憾地，這麼做是難以找到對象的。要想一想，當理想的人出現時，能夠使對方產生結婚之念，這樣的人應該是怎樣的人呢？對於努力改造過自己的人來說，理想的對象是會在眼前出現的。

為什麼這麼說呢？因為結婚最重要的是要恰好相配。因此自作多情，只管任性地追求理想的人，即使四處尋找也是徒勞無功的。當理想之人出現時，如果不提前將自己改造成與其恰好相配之人的話，即使真的出現，也會擦肩而過；就像新幹線一樣，飛馳而過。

因此，追求理想之人，將此描繪在腦海是可以的，但是要深思：「當這個人出現時，自己該怎麼做呢？」

譬如，將模樣很帥的電影明星當做理想對象，並去觀看這位明星的演出。然而假設這位明星突然出現，向你打招呼，並用手拍了你的肩膀，這時你會怎樣呢？不會心慌神亂地逃走嗎？如果是這樣，那就絕對不可能與你結婚的。當符合你理想的對象出現時，自己卻慌慌張張、羞羞答答地逃走，如此是絕不可能結婚的。如果你不去改造自己，一旦有這樣符合條件的人出現時，就可能錯過了；這個重點的確不能被忽視。

從女性的角度來看，這是自然而然的。對男性來說，工作上的自立是極其重要的，最重要的是工作、終其一生的工作。自己能靠這工作，以這樣的方式便可生活下去，在經濟方面也要有餘裕。除此之外，對未來做打算也是極為重要的。

有為數不少的男性三番五次地相親，都不成功。這樣的人以為自己與對方不投緣，認為沒有與自己相配的對象，或者沒有理想的對象，但其實卻不是這樣的。而是因為缺乏對自己客觀性的評價，不明白自己應該和什麼樣的人交往。於是，這也太差，那也不行，忽上忽下，費盡心機，結果卻一無所獲。

如果明確了未來的目標，不可思議地，相配的人即會出現。「無論自己在什麼公司，從事什麼事業，無論是在什麼地方，只要能夠有所作為，將來逐漸就會向這個目標轉變，現在收入儘管不多，但日後一定會增加。」如果能夠如此調整思緒，滿懷熱情，對象肯定會出現。

如果覺得現在這個公司沒有意思，想盡快辭職而三番兩次地前去相親，這是絕對不會成功的。有著想辭掉工作的念頭，但是，辭了工作又無法結婚，所以想在辭職之前先結婚，然後再辭職。以這樣的想法去尋找對象，會難上加難；事實就是如此。

不管是男還是女，從出發點說，首先要創造一個當理想對象出現時，能夠恰好相配的自己，這是最重要的要點之一。

② 能否深入理解對方

結婚時儘管有各種各樣的條件，但是最重要的是「能夠理解對方」，這是最優先的條件。

可以列舉出多種理想對象的條件，如：美不美、長相好不好、身材高矮、胖瘦如何、有沒有聘金、有無學歷等，在這麼多的條件中，什麼是重點呢？我想各位是很難弄清楚的，不知道該如何是好。頭腦雖好但是沒有錢，長得很帥卻個子太矮，或者儘管是人長得美卻頭腦空空，真是五花八門。越和別人商量，就越糊塗。徵求A先生的意見時，說是長相好就行；找B先生一打聽，說是氣質最要緊；再問一問C先生，則說賢慧比較重要；向D先生求教時，卻說首先要有好的家世，真是越問越糊塗。

若找到了能夠滿足全部條件的人當然很好，但很遺憾的是，這樣的人不可能成為自己的對象。到頭來不去選擇缺一少二的人是不行的，必須要做最後的取捨。

如果要我來建議，我認為能夠相互理解是最重要的。不管怎麼有錢，即使有很多聘金，錢一用完就會沒了；即使長相好，如果每天見面，也會逐漸厭煩；原本認為性格比較重要，結婚之後才發現也有不少缺點。

到頭來，剩下的是什麼呢？我認為是能夠相互深刻的理解。若能互相理解，二十年、三十年、四十年都能相處安好。若完全靠外表或者客觀條件做為目的，當失去平衡時，夫婦之間就會出現裂痕。當然也有在結婚時的條件很好，但不久後出現破綻的情況。

譬如說，某人是一流大學畢業，頭腦很好，但是，結婚之後又是如何呢？學生時代雖苦學過，但出社會後，除了喝酒以外，不學無術。星期一到星期五每天喝酒，就好像酒鬼一樣，一直紅著脖子。妻子肯定會覺得，怎麼會和這樣的人結婚呢？的確，是與一流大學畢業的傑出人物結了婚，但是，他的脖子總是像紅銅一般，甚至全身通紅，酒從未斷過，早上也是紅著臉去公司；這樣的事情有時會讓妻子感到心灰意冷。

這是在結婚前後不同境遇的例子，簡單地以為只要頭腦好就行了，然而腦袋與學歷是不能畫等號的。真正有才智的人，不一定是高學歷；儘管說二者有一定程度的相關性，但絕不是百分之百，有六、七成的相關也就不錯了。

其次，便是此人的內心是何種傾向了。有才智慧根的人，假使學歷低，也會經由學習漸漸地成為有才智的人，到了三十、四十、五十歲會逐漸成為有才智之士。而相對於年輕被強迫學習的時期，儘管腦袋很管用，但是對此確實沒有興趣，也就像剛才所說的，整天只是紅著臉過日子的例子，也只能以這樣的行為消耗一生。二十二、三歲時也許頭腦聰明，但是到了四十歲時，卻完全變成了另一個人。

所以，儘管有各種各樣的條件，但若只能從中選擇一條時，對女性來說，應該考慮自己能否理解這個男性，能否深入瞭解對方，能否理解這個人的人生觀？能跟這個人一輩子過生活嗎？對此應明確地深究到底，這樣婚姻的成功率才會高。

而男性則要想一想，這個女性會怎樣認識自己，對自己的工作、人生到底能理解多少？僅僅是表面的理解？或確實是能夠深入理解？要認真考慮一下對方是否有很強的理解意願，這樣結婚成功的可能性才會增高。

綜上所述，尋找最佳伴侶的方法，可列舉出兩條：

第一條，不要盲目追求。要先創造一個在理想對象出現時，能讓對方主動想求婚的自己。

第二條，彼此理解的重要性。是否理解對方？能否被對方理解？

③家庭的謀合是逐漸形成的

再來談談有關建立家庭之後的維持方法。有人在結婚時雖然很幸福，但是後來卻遭受挫折，而導致家庭破裂。最容易遭受挫折的人，是什麼樣的人呢？

這種人有這樣的想法：認為男女就像鑰匙和鎖一樣，假使能與正好相配的人結婚，便可獲得幸福，與不相配的人結婚就會不幸。就像這樣，在一定的程度上把人看成了物品，其失敗的可能性便會增大。

如果某人認為一開始就和A先生結婚的話，就能夠讓自己幸福，但當時自己錯誤地與B先生結了婚，才導致了現在的不幸；有如此想法之人，家庭生活一定會在某時出現裂縫。

能夠恰好與自己相配的人，是逐漸創造出來、慢慢形成的。不會剛好就有一個恰好與自己相配之人，在那兒等著你，與你結婚一起過一輩子。家庭的謀合是逐漸形成的，是在彼此互相寬容、忍耐之間造就出來的。

所以，在考慮某人是否與自己相配之前，應該經常考慮自身的努力是否足夠？觀察問題的方法是否不足？是不是還有努力的餘地？是否還欠缺什麼？要逐步改善創造。女性必須從女性的角度出發，努力跟上對方，男性必須從男性的角度出發，向理解女性的方向努力；各位務必要重視這種思考方法。

意外的是，完全不相配的人是不多的。到了一定的程度，只要努力就能夠克服不足的。儘管會出現幾次危機，但只要在危機之時好好努力，動動腦筋是可以克服問題的。因此，切記努力。

4・轉變命運的相遇

①與貴人相遇是得以飛躍的關鍵

我想，本書讀者的年齡應該是參差不齊的。在不到二十歲的人當中，曾有過命運轉變之人，恐怕只有一、兩個吧！也或許完全沒有這樣的人。當年過三十、四十、五十歲，隨著年齡的增長，回頭過往，便會果斷的回答，人生中總有幾個轉折點，在這些轉折點上，一定會有影響自己命運的人出現，而改變自己的走向；或是當在分岔路上猶豫不決，在無法決定到底應該向左或向右前進之時，一定會有人出現，冥冥之中指引你的航向。

實際上，與某人相遇之後，命運因而改變的例子還不少。當然最好的是能夠遇見使自己命運好轉的人，但是，相反的事情也是可能的。由於與某人相遇，使自己的命運轉壞也是有的，上當受騙的事情也會有；接受學校老師的指導，照單全收地去實行，卻遇到失敗的人也會有。儘管會有這類事情，然而我在此將談及的內容是正面的。

為了獲得人生的勝利，與能夠引導人走向幸運之人的相遇，實在是太重要了。

在中國有「貴人」之說，即是一種在人生中出現「值得尊敬之人」的思想。打招呼時，有這樣的客套話：「最近，遇到過貴人沒有？」這是為什麼呢？所謂的貴人，大部分是指身份比自己高或是學識淵博者、德高望重者、有財力者等，總歸來說，這樣的貴人都具有能夠使自己向上提高的可能性。

說「有沒有與這樣的人相遇？」與「心情怎麼樣？」、「最近如何？」一樣，有同樣的意思。實際上這很重要，雖然我們將個人努力、精進當作基本原則，強調其重要性，但是，自己一個人的努力、精進，就好像爬樓梯一樣，雖是腳踏實地的努力，而當遇到了所謂的貴人、值得尊敬的人的出現時，就相當於搭上電梯。

這樣的事情，在人生中總會遇上幾次。因為搭上了電梯，所以會一下子達到與以前完全不同的世界；換句話說，就是有能夠開拓人們命運的人的存在。實際上，是不是有人因與這樣的人相遇，而有了完全的轉變呢？的確是有的。

在人生的轉折點上，對方說了某句話，雖然不知對方是否當真，或是經過深思之後才說的，但卻會成為自己今後的重要方針。即使此人也許已忘記曾說過什麼，但這樣的事確實是有的。像這樣的人在某個時刻，會成為掌握你命運關鍵的人。

此時能否接受建議，認真地去把握方向前進是很重要的。而這樣的人在什麼時候才會出現，則是因人而異，但是當遇見引導自己的人時，一定要珍惜機會。

由於遇到了貴人，人生便會頓然放射出光芒，出現閃耀。不管是什麼人，在人生中都會有這樣的瞬間。如果有的人說自己沒有，那其實只是忘記了，或是不懂恩德，或者是感覺遲鈍吧！但若認真思考，是能想起來的。與貴人相遇之時，會出現飛躍的機會，只要細心觀察有無這樣的貴人，相遇率便會提高。

歲月流淌，今年還會不會得到能夠開拓自己命運之人的建議和指導呢？如此等待，這樣的人就會出現。更明確地說，將人們引向光明的人是會出現的。這時所需要做的，就是懷著一股期待之心，要持有盼望遇見貴人的這種期待。

這樣的期待會有何結果呢？實際上，自己的守護靈會開始運作。當有期待之時，守護靈會開始為你思量：「志氣可嘉，讓我設法使你與能夠開拓前途的人相遇吧！」

這種轉變命運的相遇，有直接的，也有在自己不知道的地方默默相助的。不管是哪一種情況，總是會出現的。

人們總是在默默觀察著，總是會在某人需要幫助之時伸出援手的。讓這樣的人出現在自己身邊的條件是什麼？讓自己滿足如此條件是很重要的。

② 要有謙虛順從的心

第二條，要謙虛。要意識到在世上還有很多比自己身份地位高的人，遇到這樣的人時，要保持謙虛順從之心。

不要錯過了能使自己改變的建議，如果錯失了與某人相遇的機會，之後就不可以再錯過此人的建議，決不能放過與貴人相逢的機會。如果認為眼前之人是一位「幸福的女神」，就絕對不要錯過這機會，要珍惜這機會，把它變成使自己成長的良機。

這種轉變命運的相遇，是人生中的花朵，希望每個人都要重視這真正閃耀的瞬間，屆時將是重大的命運轉換期。人會因為他人的引導，而改變人生。如果認為這都是靠一己之力，那才真是天大的誤會啊！靠自己個人的力量是絕不可能辦到的，不要忘記這謙虛、順從之心。

各位也許認為在「人生與勝利」這個題目上，我可能會多講一些獨立自主的觀念，但是，上述才是獲得意外勝利的真正之路。所謂機會，是來自於他人的。當很多人想去扶助他人成功時，想不成功也很難。

但是，當有許多人努力來阻礙你成功時，想成功則是難上加難，說實在的這需要巨大的努力。假使得到他人的幫助和援助，便能順水推舟，輕而易舉地取得成功。所以，單靠自己的力量是很難成功的，能得到眾人的幫助，才容易獲得成功；此點相當重要。

③要有感恩的心

我目前到達的這個境地，如果說沒努力那是說謊，然而儘管自己做過一些努力，但也還得加上得到許多人的協助。比這更為重要的，我想是因為得到了天上界諸高級靈的協助。

用通俗的話來說，也許可以說是「運」，但是對於那些知悉靈性世界的人來說，「運」一字是無法一語道盡的。因為這些人清楚眼前的結果，並非是單純的因為「運」，而是得到了來自靈性存在的協助。我們在現實中得到協助，所以獲得了幸運。因為我認為，持感恩的心是至關重要的。在命運轉變之際，更不能忘記感恩的心。

想要讓命運得以轉變，首先要真心誠意地去追求和期待。第二，要謙虛地持有順從之心。第三，必須懷有感恩之心。

我認為，如此一來命運就會轉變，也會綻放出真正的光芒。

5・精神遺產

①精神遺產──「德」

從「人生與勝利」這個題目來看，我想還必須超越世間的成功這個部分。我認為，人生還必須考慮追求超越世間的成功，如果缺乏這個部分，就不能說獲得了人生真正的勝利。

那麼，超越世間的成功指的又是什麼呢？

我常說有「貫穿世間和來世的幸福」，有一種能夠帶回到來世的幸福。能夠帶回到來世的幸福又是什麼呢？這是極精神性的。如果換句話來說，也許可以說是不屬於人世間的心之寶物。

對於已接觸到佛法真理的人來說，如果僅是得到了人世間的成功，而沒有把握更大的精神性遺產的話，那就枉然了。這種思想我已在多本書中介紹過，相信許多人皆曾學習過了。

於此，我想不厭其煩地再說明一次。這個精神遺產，也許聽起來很抽象，如果換句話來說，那就是「德」。大家生下來都具有才能，在轉生之時，才能得以發芽。當然，暫且不談這種才能是否能夠得到發展，但至少被給予了一定程度的才能。隨後，即是如何發揮的問題了。

但是，所謂的「德」，不是生下來就被給予的。所謂的德，是在人世間、在三次元中，在人們生活過程中產生的，屬於後天。當然，在實在界的靈人、光明菩薩，不用說都具有「德」，然而，所謂的「德」不是生下來就有。人是具備才能的，「才」是生下來就有，而「德」是不能隨身帶來的。

②產生「德」的兩個過程

那麼，「德」是從何處產生出來的呢？在幾十年的人生中，「德」是可能產生的。產生「德」的地方有兩處，一是挫折當中、在失敗和逆境之中；另一個則是在成功的過程中，這也是「德」最容易產生的地方。當然，在其他地方也會產生小「德」，但作為人生中的紀念碑而留下來的「大德」，是在這兩個地方產生的。

首先，為什麼在挫折或失意的逆境中，能產生「德」呢？在逆境時，普通人常會抱怨不如意，難道不是這樣嗎？

大多數人在失敗之後，便會說自己運氣不好，或埋怨環境太差，抱怨別人等，也有的人會責怪守護靈；有很多人在逆境或挫折時，是無法忍受這種重大壓力的。然而有些人其心之程度略高，不但能忍受逆境的壓迫，還能接受逆境。這承受逆境而能忍耐的人，其程度或許是在平凡的人之上。另外還有一種人，即使遇到一些風波，也會樂觀開朗努力生活，這是更高一層次。

但是，在逆境中，怎樣才算是偉大的人呢？那就是能夠掌握「常勝思考」的人。在逆境中最好還要能讀取天意，然後，體會這個逆境、這個挫折到底對自己有些什麼啟發？理解這種天意、天之心，觀察自己尚缺乏些什麼？到底這挫折和苦難要告訴自己什麼？理解這部分之後，將此應用於自己今後的人格改造之中，運用於今後成功原理之中。有這種體驗的人，便會產生「德」，煥發出非凡的力量、非凡的光明。僅僅忍受苦難和失意，雖然非凡，但是真正非凡的人，就是在其中讀取天意，發現使自己能夠進一步得到發展的積極種子，使這個種子得以開花，這才是屬於真正的非凡，這樣才會產生出「德」。

另一個產生「德」的過程，就是在成功的時候。能留名青史的人，都是某時某地曾有過成功經驗。此人無論連續失敗多少次，但最終都能夠獲得成功。

亞伯拉罕・林肯經過多次的落選，在人際方面也屢遭失敗，以及未婚妻不幸去世等各種連續不斷的挫折，但他最終還是成為了美國總統，留下輝煌卓越的功績。如果未曾任職總統，林肯可能就不會登上偉人的行列。不管經過多少連續的苦難，終究會開花結果。

總歸來說，在這開花的季節中能夠開放出花朵，但卻不獨占果實的態度是極為重要的。「這不是因為我的自力才開的花，而是因為天助才得以開花。」一要有這樣的認識。雖然也許澆過水，也許施過肥，但是，不是只靠自己的努力和能力才開花，花之所以能夠綻放，是因為有良種，在種子的生命中，蘊藏著盛放之力量，自己只不過是澆了澆水，做了些助長之力而已。

對於天大的成功，不要歸於自己的成就。自己也許曾經澆過水，這是因為天意在此顯現的結果。不要當做是自己的成功，不把成功私有化，便會產生出「德」。如果將成功全都據為己有，認為是靠自己的力量、靠自己的本事得來的話，即使成功，也不會產生出「德」的。成功時不將成果占為自有，不將成功私有化，並認為：「這是靠他人的力量，或是靠天意，是偉大的守護靈、指導靈和高級諸靈的願望，是佛神的願望才讓自己有機緣得以成功。」有這種想法的人會如何呢？很簡單，懷有這種心念的成功之人，一定會為更多的人做出貢獻；在此，就會產生出「德」。

人生各有不同，但是，在這兩點上會產生出「德」。「德」是後天性的，不管是多麼的微小，希望人們能夠創造出各種形式的「德」，這是精神遺產，將來可帶回到天上界。唯有這樣，才可以說是得到了人生的勝利。

我希望人們能夠得到這種程度的經驗和體驗。

第四章／常勝思考的力量

第四章　常勝思考的力量

1．結合「反省」和「發展」的理論

「常勝思考」的思考方法，是在我提倡的做為「幸福的原理」之四正道「愛」、「知」、「反省」、「發展」之中，從反省到發展連結起來而得出的理論。到目前為止，我尚未就這兩個概念做過關聯性的講述，然而於本書所述的「常勝思考」，正是連結兩者的思考方法。

如果使用光明思想來處世，便很容易產生積極的、有建設性的想法。但是它與我提倡的「反省」，怎樣才能結合得宜呢？這是各位不容易了解的部分，有時要各位反省，有時又說要各位持光明思想，人格被左右搖擺，使人難以理解和選擇。

到底選擇哪種思考方法才好呢？如果請各位各取所好的話，未免就有一些不負責任了。因此，我想要以「反省」與「發展」相連結的理論，來闡明常勝思考的思考方法，使其更具理論性。希望學習過這種思考方法的人，遇到不知如何處理的問題而煩惱不已時，能夠多使用這包含反省和發展的常勝思考。

以往普遍的光明思想的思考方法，多是不去看黑暗面。我認為，只看光明、明亮、有建設性一面的思考法，當然有其相應的巨大力量，但是只看單方面，就難以進行反省。實際上，各位在生活中積極努力時一定也曾遭受挫折，那時應該會有些質疑：「對挫折不在乎的想法，是不是真的沒有問題呢？」

「總之往前走、向前看就對了，即使摔倒失敗了也不在乎，反正人的實相就是光明，應隨時保持開朗。」這種單純的想法，真能行得通嗎？探究人心後，光是得到此結果就可以了嗎？好像只念《南無妙法蓮華經》一樣，大家都按同樣的思考形式去做，真的就沒問題了嗎？未必如此吧！

但每個人的心都是有深奧之處的，所以就需要有與其相吻合的深奧思想。

2．身處世間時的常勝思考之力量

首先我要闡明，常勝思考的原點在於，如何去看待苦難，如何將苦難轉變為人生食糧。在人生中難免會有挫折、失敗和苦難等等。但是，把它認為是偉大人生的修行目的時，想想看，光是逃避過去就行了嗎？人是否是為了逃避這樣的苦難、困難，才轉生到這世間的呢？我們必須要回答這個問題。

出生於世間的前提絕不是萬事如意。人們不是在經歷了各種迂回曲折之後，人格才能得到提高、才能累積經驗、才會發出內在的光芒嗎？如此，將焦點放在這偉大的人生目的時，便能夠發現人世間苦難、困難的真相，這就是常勝思考的立足點。當我們從不同的觀點來看待世界上的事物以及經驗時，這個經驗便也會轉變為自己的食糧。運用所有的智慧、技術和思想，如何處理眼前的困難，如何將這過程中所得到的東西轉變為力量，這才是勝負的關鍵。

因此，絕不是要各位否定現實，遠遠逃離而去，而是如同我提出的「人生是一本習題集」的觀念，每個人的「習題」是需要透過各自的努力，才能獲得解答的。

人生雖有很多思考方法，但是希望各位學習這常勝思考後，能夠依此作為解決問題的前提。在解答了自己的習題集後，或者在解答的同時，還要考慮如何去引導他人。或者，不只是限於引導他人，還能更積極地去做偉大的事業；常勝思考即是這樣的精神。

3．將苦難化為靈魂的力量

那麼，要想以常勝思考來得到真正的力量，最重要的是什麼呢？一言以蔽之，即是要有「不屈不撓的精神」。

我曾接觸過持各種想法的人，有些人的人生映照著光明，有些是充滿灰暗，有些則是載浮載沉，每個人都有屬於自己的人生劇碼。

人生有種種浮沉，有光明、有黑暗、有如意、有不幸等等，此時如對人的行為試做分類的話，我認為可以明確地分為兩類。

其一，是在順風之時很有活力，可是一旦轉為逆風，便一蹶不振、停滯不前，或者翻船沉沒的人；世界上有相當多這類的人。

其二，就是與此相反的人。就像我在前面講過的，他們有著「不屈不撓」的精神，而且有著堅強、純粹、持續的意念。人的意念有時會在一時興起，然而這個意念的真實性，會在時間的流逝中得到驗證。

所以，在某種意義上，常勝思考是征服人生時光的理論。要戰勝人生，就需要掌握這個理論。各位應該試著回顧半年前的自己是怎樣的人，一年前或兩三年前又是如何？然後，站在當時的立場上，看看現在的自己，是否確實有了進步？或者反而倒退了？路走得正不正？在人生路上必須經常做這樣的分析。

回顧自己走的路，在小型戰役上或許有過失敗，但是，終究會留下一條強勁有力的路，而在決定性的戰役上不斷地取得勝利。

從另一層意義上講，常勝思考就像樹木生長。在生長的過程中，會遇到強風而落葉、乾枯、欠缺肥料、根莖不實等等各種苦難和困難。

儘管如此，仍穩健地向著天空生長，這樣的努力正是常勝思考所要求的。

4・竹子逐節生長的能量

如果要再舉一個例子的話，很自然就會想到一種植物——竹子。

觀察竹子，會有優雅之感，或偶爾聯想起竹子時，也會想起那似乎經過優美設計般的竹節，下粗上細之姿。可是，竹子是做了何種努力，才長出竹節的呢？

竹節之間有二、三十公分左右的間隔，每根竹子的節都是那樣地結實。竹子從堅實的根部向上生長，逐漸變得細嫩，風吹而竹搖。在時光的流逝中，那細小柔軟之處都會長成健壯的竹節。竹子在長成健壯粗大的竹節後，會繼續向上堅實地生長。我認為，竹子之所以能長到十公尺、二十公尺高，在這竹節上可以找到其獨特的理由。無論是刮多大的風，竹子都不會輕易地被折斷，柔軟而有韌性，無論遇到什麼困難，我們都能看到它堅實的生長痕跡。在每次新長出一段竹節時，竹子會有感受嗎？我想它會感受到自己的確有在成長的充實感。

人生的結構也近似竹子的構造；竹子直徑最粗也只有二、三十公分左右，再想粗下去是不可能的了。一開始竹苗冒出頭後，會漸漸地生長，這時，切不能失去柔軟性和堅強性。而人生也是如此，應該使兩者相互協調。

也就是說，在人生的過程中，「常勝思考」是無論在自己順利或者不順利時，都能成長茁壯又不失柔軟的思考方法。人生的過程實在是很像竹子的生長過程，不可以只能夠單往一個方向彎曲，或者僵硬而彎曲不得。

拿柿子樹來比較的話，則是不搖不晃，不易彎曲，但卻很容易折斷。而柳樹枝雖不易折斷，但看上去好像很脆弱。竹子則不然，柔韌中有真正堅實不易折斷的一面。我認為這不就是人類應有的姿態嗎？因為，各位所處的三次元世界，絕不是溫室般的世界，會有下雨、刮風、下雪或乾旱等等。

從竹子的比喻來看人的命運，能感到人生似乎存在著一定程度的周期。這周期的長短不十分明確，或是幾年，或是幾個月。的確如此，生命每隔幾年，便會出現運氣順利或者不如意的周期，可是我認為在這樣的逆境期孕育著吉祥之兆。

在面臨人生的轉換期時，會有環境的不協調、人際的不協調等問題。這時候精神上會感覺到痛苦，但也不能說沒有這樣的轉換期就是好事。

通常痛苦的時期，同時也是開始出現吉祥好事的時期。不要害怕逆境，因為這個命運的逆境期，才是最能夠獲得精神食糧、最能夠獲得教訓的時期。

這個時期可以比喻是竹子長出竹節的時候；之前已順利地成長了二十、三十公分，而今是該長竹節的時候了。此時或許會使人感到痛苦，但如果人生總是一帆風順，固然很理想，一鼓作氣長出十、二十公尺，固然很痛快，但本質卻是脆弱的。所以每隔二、三十公分就必須要長節。在長竹節時，通常有抗拒感及成長停滯感，生長的猛勢停滯下來，致使好像出現了某種障礙。

自己想徑直地生長下去，但卻必須長節，在這時候會感到很痛苦，不明緣由地會有一種似乎到達頂點的感覺。竹子的能量在此時獲得累積，其間竹節應勢而生。竹節一個一個結成，高度日益增加。那時長成竹節的痛苦，實際上正是竹子無限生長的基礎。因此，不妨可以如此考慮，在人生的過程中，命運或者說運勢會有一定程度的周期，這順境或逆境之時，正是竹子生節的時候。竹節生成之後，方能進入下一個周期。

請回憶過去，自己學到最多經驗時是什麼時候呢？也許在五年、十年前或更久遠的時間裡，各位曾被他人之語傷害，或者曾有經營失敗、破產、患病等等痛苦，但是，這些時期是不是成為了各位記憶中最為深刻的體驗呢？因此，希望各位屆時能有著竹子生節的堅強心志，繼而走向下一個成長的旅程。

5・在嚴峻的環境中刻劃出年輪

以前，在我的老家，有一處用磚塊圍起來燒垃圾的地方，這是為了在燒垃圾時，防止火花飛濺的措施。在旁邊有一棵樹，我常擔心樹會因為燒垃圾的火熱而枯萎，可是，它不但沒有枯萎，反而更健壯地成長，反倒是其他的樹卻乾枯了。

對於樹來說，生長在垃圾焚化場附近，環境應該是相當嚴峻。可是，它卻刻下了生長的年輪，枝繁葉茂，充滿生命力。而有些在最好環境下生長的樹木，反而都被颱風給輕易地吹倒了。

若用此例來比喻人生，身體健康、家庭富裕、生活愉快而順利的人，一遇颱風便會倒下去，經不起任何考驗。反觀，在極為惡劣的環境下成長而培養出實力的人，會有著不氣餒的毅力和頑強的性格，在任何地方都可以平安地度過艱難。因此，我認為要衝出人生的困境，累積年輪，才能成為偉人。

任何偉人的傳記中，都有其經歷苦難的生命內涵。我認為，這說明沒有經歷過嚴峻的環境，是不可能累積人生經驗的；這也是人生中極為重要的部分。

在此為大家所講的各種人生，是我在艱苦時期所認識到的，不知不覺中轉變為自身的力量，繼而能夠成為各位的學習材料。

當自己的肉體或靈魂受到風吹、日曬、雨淋等外界刺激的時候，靈魂的內部會形成一種免疫體，會逐漸知道如何面對下一個挑戰。有了這秘訣，便可以與日後的新知識，或者是他人的經驗相對照，致使能夠產生出各種各樣的思考方法。這獨特的秘訣會成為良好的經驗，進而轉化成偉大的能源。

6・長跑者的發想

談到看待事物，可分成短期性和長期性兩種思考方法。我認為那種只看未來，不管眼前事的想法是絕對不恰當的。

那種認為反正冬天的糧食已經儲存好了，現在怎樣都行的人是不聰明的。在夏天當然要過好夏天的生活，但不能因為已安排好過冬的煤和柴，就可以安心怠慢。

人所遭受的挫折，多數是短暫的。人們無比辛酸、痛苦和不幸的時候，畢竟是短期的。在短短一兩年間，如果未能如意的話，這時請務必調整自己的想法。在短期內如未能取得勝利，代表著什麼呢？這或許可以說你沒有短跑的條件，在一百公尺的徑賽中，不可能獲得冠軍。但是，這卻不代表你不能成為優秀的跑者。

徑賽有四百公尺、八百公尺、一千五百公尺，甚至是四十二點一九五公里的馬拉松。若自己短跑不在行的話，去長跑又會怎麼樣呢？要時常有這種想法。

我本人跑步不算快，可是，高中時期曾參加過一次校內馬拉松比賽，獲得不錯的成績。透過這次馬拉松的體驗，使我明白體力分配的重要性。那時，我先選了一組實力大抵相當的選手一起跑，可是跑著跑著就覺得身體情況尚好，身體逐漸發熱，覺得也許還能跑得再快一些，於是便從中途加快速度，不知為什麼覺得自己的雙腿似乎變長了，最後甚至超越了短跑比我跑得快很多的人。

善於短跑而肌肉發達的人，如沒分配好體力的話，跑得太快容易在中途疲乏，喘不過氣想要休息，這時，我就從後頭追趕上來，對方想再次甩掉我而拚命地跑，可是，不知何時他又落到我後面了。

做好恰當的體力分配，客觀地分析自己，從整體上看應該在哪個部分加強，才能達到整體的好結果；我認為各位可以在這方面多下功夫。

7・累積的效果

各位在學習時，應該曾碰到過令人頭痛的事吧！如沒有時間看書，結果考試的成績不理想等。我認為，人與人確實是有能力的差別，譬如要求人們在一年之內學好某項事物，可是一定會有人學得比較快，有人比較慢。

但是，學習的目的不在於一年內就要覺悟，也不是一年後就要離開人世，而是到底能獲得多少知識，能夠提高多少人格魅力。常有人會因為短時期的焦躁而招致失敗，可是，如果能將眼光放遠，便會發覺各種各樣的思考方法。

我認為判斷事物的成功率或是能力的好壞，光是用一年的時間去衡量是不準確的，即使用三年、四年也一樣。如果真是這樣，就應該將距離拉長。他人學習一、兩年就厭煩之事，請不要輕易放棄，試著將眼光放遠去考慮，往往會有意想不到的結果出現。就像之前所舉的長跑例子一樣，一步一步累積之後，就會得到最後的勝利。我想這勝利的理由在於累積的效果，也可以說是積蓄的效果。原來是個平庸之人，自認很遲鈍、緩慢，可是在持續努力的過程中，會體現出累積或積蓄的效果。這個累積一定程度的「修行」，會讓那時遲鈍的自己，逐漸變得能夠很快地得出結果，這確實有趣。

酵母菌和米飯攪拌在一起，放置久了會變成酒。同樣，自我儲蓄就像放進瓶子，封上蓋子，到了某個時期就發酵似的，會在意想不到的地方積蓄成力量。我想，人要得到這樣的發酵效果，就需要有一定的經歷與磨練。

還有一些食物，在放置幾年後才顯得出其價值。譬如說葡萄酒重視年份，清酒也是如此。柴魚片也是要放一段時間才美味，吃柴魚可能還是生的好吃，做成柴魚片的話，剛風乾的時候還不太好吃，要放置到有些發霉才有味道。人也是這樣，在一定的蟄伏期後，醒來就會有一種舊貌新顏之感。

譬如，在大學當中有兩種人。像我這樣的人，如果不從書的前言讀到後語，一字不漏地學習的話，總放心不下。而另外有一種人，只做重點學習，專注於有可能會出現在考題的部分。這樣只針對重要的地方下功夫，其他地方則忽略而過的人，從短期來看，還是有較快的效果的。而前者則是反覆一次、兩次、三次逐漸增加密度，當然效果會較慢。可是，數年之後會不知不覺獲得驚人的成果，這是因為這類人能夠凡事深思熟慮。

專注於自我實現，但在途中遇到了挫折後，就自認為自己不夠聰明，吸收能力不好，或者沒有能力等。這類人如果半途而廢，也就不會有何大發展了。

此時千萬不要認輸，就像潛水於水面之下，一定的時間後就有從水面出頭之日。等待這一天的到來，需要的是精神上的力量。需要時常提醒自己，自己現在不光是潛在水面下，等到浮出水面後一定會有相當的進步。

教育也是一樣；讀者當中一定有當家長的人吧！從短期來看，在小學四年級、五年級或初中一年級、二年級時，一定會有表現出色與不出色的孩子。但是此時請各位要注意到一點，能抓住重點學習的孩子，或是會先預習的孩子，甚至在本學期就預習下學期內容的孩子，一般來說這類孩子會有較好的成績。但我要強調，雖是這樣，但也未必就能夠獲得人生的勝利。

人對於沒有學習過的東西會略知一二，所以，當小孩子能夠馬上回答老師的問題時，猛一看好像是很聰明，但是，這就像是使用信用卡買東西一樣，手中沒有現金也可以買到各種東西。這種借錢式的思考，理想能在短期內獲得實現。讀書只讀重點，如果考題都出現這些重點，就可得好成績。類似這類的思考方式，或許能在某時期得到一定的成功經驗，但實際上，我想要問一句：這就是真正的人生實力嗎？

這類人如果在工作上遇到好伙伴，或者是有很好的外在環境時，會很容易成功。但是在多變的環境下與不同的人互相配合時，便會常常遭遇失敗。

但也有另一種人，不管是在任何環境下，與什麼樣的人相配合，都能夠展現一定的實力，這就是之前所講的累積的效果。

對整個人生來說，的確需要「無用之用」的部分。讀書讀很多，但絕大部分都不會出現於考題。但是，即便如此也能認真去學習掌握的人，會在任何地方都能拿出一定的實力。這類人的實力是較扎實的，終究能成大器。

總而言之，不要目光短淺，只擷取要點。或許有人認為擷取要點，就能夠得出效果，但是，如果將眼光放遠就會明白並非如此。

8・不依靠運氣，為將來預做準備

做買賣也是一樣，要在短期內賺到錢是有可能的。做買賣的人最明白，在短時間內進一些別人所沒有的貨，或者進所謂的新產品，或者以送贈品等促銷手法，很容易就可以賺到錢。不過這只是一時的運氣，時間久了便會日落西山。接下來一定會出現競爭對手，會出現仿效者，彼此競爭，進而每況愈下。

每個城市的市中心都建有許多飯店，當某一家飯店的住房率超過了百分之八十，同行必會想要分一杯羹，因為這表示在此還有市場。於是好景不長，好夢會被突然新蓋起來的飯店給打破。

然而，如果住房達不到百分之七十的話，在下一季就會虧本，超過百分之八十就會出現新的競爭對手；生意就在這百分之七、八十之間定勝負。

在位置良好且沒有競爭對手的地方蓋飯店，一時間會有盈餘，但得意沒多久，競爭對手就會在眼前出現，於是這新興生意也就漸漸走下坡路了。

這種想以新鮮感取勝的生意，終究是會衰退的。有著他人所不具備的眼光，向新興行業挑戰固然重要，但是，在成功的階段中，這種常勝思考必須銘記在心。

飯店業最重要的就是要增加房客的回住率；拿出最好的服務、舒適的環境，務必要使住過一次的房客，下次還想再投宿於此。但如果認為這周圍就只有自己一家飯店，遊客到此非住不可，客人終會漸漸遠去。經營飯店，重要的還是要提供良好的服務。在一家獨大時，不管有沒有良好的品質，住房率都會達百分之八、九十。但出現競爭對手後，自身的真正實力就會顯現出來。如果出現了服務品質較好的飯店時，漸漸的就會虧本，最後導致破產關門。

世上的確是有那種具備天時、地利、人和之事，自己有時也能夠遇到這樣的機會，但是不可以完全去依賴這機會。可以去接受幸運，但是在幸運到來時，還必須同時深謀遠慮，預備好下一步棋。

所以，無論環境好壞，或景氣良好與否，根本之道是要維持一定的打擊率，必須有著能讓經營的成功率維持在七成以上的實力，這種思考方法至為重要。

9・順境中要傳播愛的種子

前面闡述了許多如何面對逆境的例子，但是，人在順境時持有何種想法也很重要。所謂順境是指一如預期地發展成功，此時或許有人會想：「什麼常勝思考？此時不需要。」當所有事情皆隨心所欲時，還會有什麼問題呢？但在此時必須要認識到，這正是易於落入陷阱之時。

在逆境中，能讓人深入觀察自己，能夠長時間地對己心思考，這是一段內省期，身處逆境時必須鍛鍊自己。可是，在順境中又該怎麼做呢？在順境中更應該去實踐施愛，不能只想到利己，正因為在順境，才更應該以靈性的眼光去投資，為求得真理而投資。總而言之，必須對他人施愛。

這絕不是說要去計算得失，在順境中播下的愛的種子，會使人們在逆境中得到應有的效應。在自身處於逆境時，人們也會伸出援救之手。

雖然這想法單純，但是，這才是真正使你常勝的理論。

往往人們在處於逆境時，會去奢望逆境中所沒有的東西，悲嘆自己的不幸，想依賴他人之力。而在順境之時，就反過來變得傲慢凌人，認為都是靠自己的力量成功，萌發出傲慢之芽，於是他人便遠離而去。順利的時候還好，但是，風向一旦逆轉，便會一敗塗地，無人前來救援。

得意之時，形成乾涸的自愛，認為接受他人的愛是理所當然的，出人頭地也是當然的。這種認為理所當然的人，即使實際上已經處於失敗的邊緣，別人也不會願意說出自己的意見。這就彷彿變成了舞台燈光下的小丑，在燈光下獨舞。但是當發現場下空無一人時，嚴峻的現實就會出現在眼前。這時候才去思考到底怎麼了、到底錯在什麼地方？為時已晚。

另一方面，在順境中不忘記對他人的關心、不斷地播撒愛的種子之人，當自己陷於困難的局面時，一定會出現前來援救之人，這是毫無疑問的。這是因為對他人關心、有愛心、給他人希望，這種行為還會產生「德」，這所謂的「德」即可以在危機時呼喚援救之人。傲慢無比的人，需要格外的注意。手腳伶俐之人，獲得了成功便立即喜悅的人，也要格外注意。

10・更上一層樓

有些人會在接近成功時反而失敗，就像在距離山頂不遠的地方，卻掉下山而前功盡棄。自己能夠在一定程度上取得進展，卻在最關鍵的時刻錯失了勝機。各位可以想一想，自己是不是曾有過這種經驗呢？有不少人，在差一步路就要成功時卻翻身落馬。不渡過這樣的難關，就不可能取得勝利的，也就不會常勝。

希望這樣的人能好好回想一下，自己的內心是否害怕成功，想要成功卻對成功膽怯？因為膽怯，而在即將成功之際播下失敗之種，擔心自己無法匹配這百分之百的成功。本來還差一步路，或者是再多下點功夫就能成功的事，卻臨陣脫逃，這其實是起因於意念的力量。譬如女性，希望先生能升官、收入增多，而先生在被任命為要職之際，這位夫人必會做出有損其先生名譽之事，或者在公司中有流言蜚語。這是為什麼呢？雖希望自己的先生能當要職，但內心深處同時又害怕自己與這重要職位的夫人是否相稱，擔心會不會由於不相稱而痛苦，於是，便下意識地去做阻撓之事，這種事情屢見不鮮。

這實際上是意味著，這些人不曾經歷過成功的感覺。這種在過去沒有成功經驗的人，在大成功來到之時就會覺得恐懼，便欲逃脫，擔心失敗。

此時必須要這樣想，眼前的目標，不是最高的山峰，只是與下一座更大的山峰相連的山丘，或者只是休息的地方，只是山嶺上的茶房。在即將到達眼前的目的地時，務必要養成思考下一步的習慣，在更高階段樹立起目標，提醒自己前面還有一座山峰；養成這樣的習慣是很重要的。

有這樣思考的人是絕不會失敗的，即使會遇到短期的挫折，也絕不會有長期的失敗。一考完試，便歡呼：「終於結束了，萬歲！」這種被解放感所驅使的人經常會失敗。考試的結果也許很好、也許不好，但要調整心情，同時開始準備好下一步棋。考完試便隨即開始學習的人，是不會輕易地垮下去的。而另一種一結束就什麼都不想的人，可以想像此人的人生必定起伏很大。

希望各位要隨時樹立起新目標，孜孜不倦地努力下去。

11・以柔克剛

除此之外，「常勝思考」實際上與柔道的「柔」有近似的地方，柔道絕不是憑藉自己的腕力和蠻力，去降伏對手的。

如同前面列舉過的竹子，雖然有各種艱難困苦，但應該反過來利用其力，從中得出有益的東西，這就是常勝思考。即使自己無能為力，也可以利用其外部的力量，獲得更好的結果。

柔道也是一樣，利用對方的力量，以技取力，不能只是默默地承受各種艱難困苦，還必須要一邊利用對方的力量，一邊反擊。在現實生活中，應該時常思考還有什麼反擊的招數，時時準備好面臨下一次挑戰。現在正面臨什麼問題？這問題應該如何對付？經常如此觀察思考，必能成熟起來，向良性方面發展。

12・讓人生走向勝利

最後談談如同滾雪球式人生觀的思考方法，有了好的結果，當然會變成力量。若有不好的結局，即當做反省的材料，為更大的發展播下成功之種，同時從中吸取教訓。以這種態度來面對生活，無論碰到任何事情，這雪球只會越滾越大，會感到人生其樂無窮而保持常勝。

以上我是從與光明思想不同的觀點做闡述，而得出相同的結論。光明思想是指本來沒有煩惱，沒有惡，吸取各種經驗，從中提取精華。如此下定義時，每天只有勝利沒有失敗。常勝思考的結果與這光明思想的結論完全相同。

但我想要說明的是，這種一躍而進的光明思想，會讓人感覺到出現虛胖的情形。肉雞雖然感覺肉很多，但那體型會讓人感覺是吃飼料撐起來的。

但是，掌握了常勝思考的身體，是強壯、肌肉型身體，與那種小型肉雞因運動不足而吃飼料撐起來的情況不同。兩者在外觀上近似，但吃起來味道卻不同，這是理所當然的。重要的是要經常做各種各樣的訓練，使自己的靈魂變得日益強壯。

具備了常勝思考的習慣後，自身不動心的部分就會逐漸茁壯，變得能夠經得住強風暴雨，就像阿米巴原蟲吃掉細菌一般。常勝思考有如白血球，對迎面而來的困難張開口像吃細菌那樣，使之成為營養。

有此習慣之後，任何艱難困苦都不足以畏懼，來什麼就吸收什麼，使身體強健。這種想法是很具力量的，可以說這就是不動心。

無論發生任何事情都會穩固如山，總之，對萬事持感謝之心，眼前的結果並非僅靠一己之力所能辦到的，其中尚有他人之力，要謹慎謙虛。稻穗越是豐滿就越是低下頭來，要有這樣的心境。苦難越多，要將之視為上好的肥料，使自己茁壯地成長。掌握這種思考方法，就不會怕逆境。當進入了逆境反而是蓄積的時期，是獲取教訓的時期。靜靜等待，終究會形成更大的光明之力。

逆境到來時，譬如說對自己不利之事、被降級、被減薪、公司破產等，此時心靈會轉為內向，要將這內向做最大限度的發揮。這個時期要調整為瞑想型和反省型的人生觀，此時要對心靈進行鍛鍊。當轉變為順境時，就積極地向取得實際成果的方向努力。

總而言之，就是使用佛陀的反省型思考和海爾梅斯的發展型思考。逆境時使用佛陀的思考方法，而順境時使用海爾梅斯的思考方法，兩者都包含在我所創立的「幸福科學」理論之中，如能做到運用自如，便能毫無疑問地永保成功。

目標應該要越來越遠大，每年如果都是一樣的目標是不行的，一加一減等於零的反省是不行的。自己必須將迎面而來的風轉化為力量，只是順風逐浪是不行的。必須將遇到的各種事情均轉變為力量，使之成為自己前進的能量。

如此一來，和過去一年、兩年、三年相比較，必定能看出穩固的進步和確實的成長。能夠保持像竹子成長之勢，也就是人生不斷勝利之時。

第五章／工作的本質

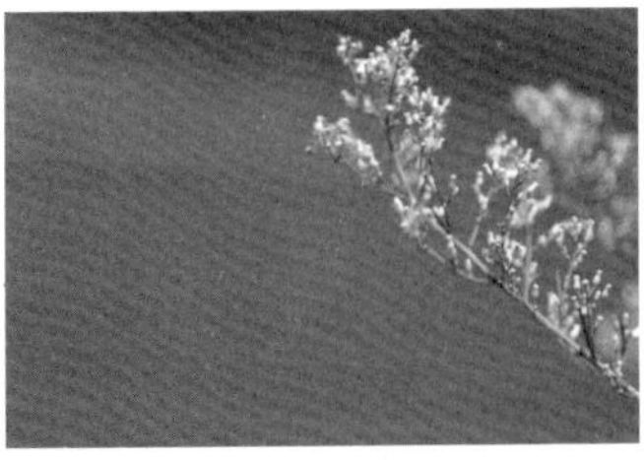

第五章　工作的本質

1．人的本質與工作

工作，對大多數人來說是理所當然的事情。完成了學業之後便要進入現實社會，等待著你的當然就是工作了。有了工作才能有薪水，有收入就能使生活有保障，也可以從事一些娛樂性活動，這是連小學生都明白的道理。

我們可以將人生分成兩個階段來考慮。

前半生主要是為自己打下基礎，在這段時期裡不會有什麼價值性的創造或經濟上的收入。學生時代只要認真念書學習、使身體健康地成長就可以了；這個時期多需要仰賴家庭支援。

後半生則開始進入社會工作，對社會做出某種有價值的貢獻，隨後，可以得到做為對等報酬的薪水，用來扶養家人、妻小。但是，工作並不單純只是為了養家活口，同時也是為了自身的成長，使自己的想法得以實現。

因而，現代的婦女多有轉進職場的趨向。此外，尚在學校就讀的學生，也有許多人很早就有了打工的經驗。

我希望各位能夠認識到，每一件事情皆有原則及例外，我在下文將從原則性立場來闡述工作的由來。

首先，我要強調：人們大都會對自己的工作感到不滿意；但有沒有想過，應該對在這個世上能有一份自己的工作表示感謝呢？

試想，沒有工作的生活將是何等的枯燥無味啊！

當然，世上也會有達摩大師那種「面壁九年」而坐的奇人。然而，坐禪雖然不能帶來什麼金錢上的收入，但其行為本身就已是引導後世人的一種工作。倘若讓一個「俗人」也同樣面壁九年的話，那只會得到世人對他加以如「怪人」、

「不會動彈的人」、「賺不到錢的人」等非議。

人的本性本來就不願意每天無所事事。我認為，工作的需求是人的天性，是做人天生的本分，而不是後天的性質。

當然，在觀察動物時，也可以看到牠們在捕捉和找尋食物時，似乎發生了工作行為，但這樣的行為有一定的模式，而且極難超越這些模式。

譬如說，海獺可以潛入水中撈起海貝，做出仰泳的姿勢，把海貝放在肚子上用石頭敲打，打開後食用。這的確不像是普通動物做得出的行為，乍看之下彷彿是一種工作行為。

但海獺頂多只是為了填飽自己的肚子，才遺傳了敲打海貝的動作，看不出會有什麼超越的可能性。假如牠不僅在肚子上敲打貝殼，還在肚子上開始做加工業的話可就了不得了。正因為牠無法做出進一步的高級行為，所以海獺只能被稱為海獺。

海獺以外的動物也是一樣。譬如說，綿羊留長了自己的羊絨，好像也可以算是一種工作，但沒有人會認為綿羊本身潛藏著要讓毛長得更好的這種偉大的意識。也就是說，羊毛的用途雖然很大，但綿羊本身並不是因為充分理解到這個目的才長出羊絨提供給人們，而是由於牠天生具有長出豐厚絨毛來裹身的習性，羊毛是在這種本性的基礎下產生的。

如此把人與動物做比較，就可以明白其間的根本差距。世間生命所具備的創造能力是與各自的本性相對應的。

雞能生蛋，但叫牠生出別的東西的話，是做不到的。雞也做不出蛋類料理，也不會拿自己生的蛋去交換其他東西。雞僅會順著一定的模式前進。

相反地，人卻可以用同一種材料創造出各式各樣的東西，並且能在這樣的過程中感受到創造的喜悅，體會到與創造了大宇宙的根本佛之同樣心境。

如此看來，工作本身是與人的本質極為接近的。這即是說，佛為了使人能夠體會到同樣的創造喜悅，才賜予了人工作的機會。

2．工作與報酬

佛賜予的工作，在經濟法則之下自然不會是個單行道。只要做出有益的工作，就能夠獲得相應的評價。這個評價除了金錢收入外，也有在社會上嶄露頭角、獲得相應的地位、得到許多人的稱讚，而使自己的靈魂體會到喜悅等等。

佛本可以創造只須做單純努力工作就好的人來，為什麼要特意創造付出了努力必得報酬的人呢？那是因為這樣的創造，蘊藏著能讓人永不停歇進取的秘訣。

比方說，如果只讓高級餐館的廚師老實地做菜，而不許他品嚐，那麼，這位廚師在這個行業上也就待不久了。若要求廚師調理法國餐或日本料理，卻立下廚師只能吃茶泡飯，不可吃其他食物的規則，廚師在這行業就難以求生存了，或者無法對這份工作感到自豪；佛是不會訂立如此規則的。

做為工作報酬的形式有很多種，舒適的住宅、溫暖的家庭、經濟的富裕以及各種自由的權利等等，進而能使此人想在工作上不斷地接受磨練。

雖然聽起來很類似利己主義，但純粹把焦點集中在利己之上是有問題的。我們必須認識到，這當中其實包含著佛的偉大意圖，即「為了讓人們透過工作而有所進步」的博大慈悲。

我要在此強調，工作必然有報酬。如上所述，這個報酬不一定是金錢，也可以是透過他人的評價等多種形式來促進自身的人格形成，以及社會地位的形成等。報酬的形式雖然多樣化，但報酬必定是工作伴隨的結果。這種說法的根據，在於工作本來就是有用的活動，有用的活動指的是能夠生產出利益的活動。反之，如果這個活動不能生產出利益來，也就不會得到報酬了；這就是工作能夠獲得報酬之原由。

所以，給人添了麻煩、使公司受到損失的人，拿到薪資，會感到良心有愧。這是因為他心裡很明白，自己造成了損失卻拿了不應該得到的工作報酬。不管是公司的能人還是什麼重要人物，如果給公司帶來了致命性損害的話，就會被降職、減薪，或被公司開除。

工作就是這樣，必須符合有用性和價值生產性的原則，隨後才會獲得報酬。人們需要認識到，做好工作就能得到報酬，這是值得慶幸的事，也是自然而然的結果。

但同時還務必要認識到，工作的前提就是要竭盡心力，在工作中找出值得自己奉獻出生命的價值。在此之上，有報酬、也有喜悅。相反地，馬虎行事而得到報酬的話，在內心會產生一種罪惡感和空虛感，或是下意識地感覺自己犯了錯。

敗家子之所以讓家業不振，原因多在於此。繼承了父母留下的巨大財產，而自己卻感覺不到工作的意義，為了掩飾自己的空虛，便沈溺於揮金如土的生活中，最後終至破產。

這種人的特徵，就是沒有在工作上拚命就得到豐厚的報酬，於是，從內心罪惡感中滋生出的麻醉液，麻痺了感覺、模糊了理性，反而去做傷害自己生命的事。

環視人間世界，為工作竭盡心力卻遭到失敗的人是不多的。耶穌基督為真理鞠躬盡瘁，獻出了生命，他在世時雖然沒有得到任何地位和金錢，但他畢竟獲得了工作報酬——在二千年之後，他被人們當作師表、聖人而倍受尊敬；他做出的偉績自然獲得了相應的報酬。

明確地說，不可能有那種為了工作奉獻，卻完全得不到報酬之事。當心懷感謝地接受這份報酬時，就能感受到靈魂的喜悅。

3．為工作竭盡心力的三個方法

①第一個方法——知天命

接下來講述如何為工作竭盡心力。首先，其必要前提即是「知天命」。如果看不透自身的天命，也就很難在工作上竭盡心力了。

一個有高壯身材，卻始終熱衷於讀書的人，不大可能叫他立志去當一個出名的棒球選手或是職業摔角手，他不大可能會在體育運動上拚命。因為此人打從心裡發現，他在學習中找到了人生的意義。所以，不管他的身材如何適合當個職業選手，如果不符合自身天命的話，他是很難在不情願做的事情上，奉獻自己的一切的。因此，發現自己天命之何在，是重要的前提。

有許多的上班族，無論怎麼找也無法從現在的工作中發現自己的天命。其實，社會上有許多轉換跑道的機會，當傾注精力去找尋自身的天命，當你確信已經掌握到真正的天命之後，值得你投入整個身心的工作就會出現在面前。

總之，發現天命很重要，其重要性可以說佔了成功工作要素的一半。有奇才之人若在非天命之處做施展，是不會有大成功的。讓一個神筆畫匠去做辦公室裡的雜務，會弄巧成拙；讓天才科學家去寫詩，也許會出現畫蛇添足之作；每個人都有與自己最為相配的場所。因此，首先要問自己是否找到了恰當的工作，耐心地尋找能夠揚長避短、發揮才能的場所是極為重要的。

②第二個方法——心懷熱情

能夠為工作竭盡心力的方法之二，即「心懷熱情」。

世上有許多頭腦聰明的人，但是這些聰明人並不一定都能在工作上做出什麼名堂來。雖是聰明人，卻沒有值得讚賞的業績、沒有令人羨慕的地位、沒有得到高額的報酬，我曾對這樣的現象感到很好奇，於是做了仔細的觀察，得到的結論即是缺乏熱情。即使聰明過人，倘若缺乏熱忱的話，也就不可能開拓前程，有熱情才能使工作精益求精。

好比燒製陶器：有了名匠好手，有了上好的黏土和釉，做出了完美的造型，但如果燒製時爐火的溫度不夠高，也就做不出理想的陶器作品來。燒製出艷麗光澤的陶器所不可少的火溫，就是熱情。即使有再好的材料和設計，若缺乏熱情，仍是創造不出一級精品的。

耶穌基督完成了如此聖業，因為他有熱情。蘇格拉底是個頭腦極聰明的人，他在人類史上留下偉名，也是因為他有熱情。孔子遊說諸國的根本動力也在於熱情，釋迦牟尼留下了崇高的教誨也是由於有熱情。

從前人們曾把頭腦聰明的人說成是「像釋迦牟尼一樣的人」，但只是頭腦好是完成不了這般偉業的，還必須有旺盛的熱情。

有過人的才智，卻被埋沒，最後只能是個悲劇的結局。不屈服於被埋沒的逆境、磨練到底，使光彩放射出來，這個力量就來自於熱情。

工作需要有體力、需要有智力，但勝過一切的是熱情。只要對工作懷抱熱忱，定能開創出新的天地。

此外，家庭生活也是一樣；充滿熱情的家庭生活，能夠使夫婦同在社會上更加勤奮。請讀者們切莫忘記——熱情是勝過一切的財寶。

③第三個方法——感謝的心

為工作竭盡心力的方法之三，即應該相信有世人眼睛所看不見的力量存在。

這麼說可能會使現代人認為是老舊、是迷信，但這是真實存在的事實。

在這個世界上有著數百萬的企業，在這龐大的數字之中，有許多公司是背著赤字在經營，另外也有只是收支打平的，也有將就著能夠應付職員工資的。但在這數不清的企業和公司之中，為什麼會有脫穎而出、出類拔萃的公司呢？為什麼它們能不斷地發展，成為巨大的世界性產業，在企業界鶴立雞群呢？

究其因由，其一，當然是人們的勤奮勞動；但除此之外，難免會感到在此之上有個非比尋常的「運」在運作。我認為，無論是對個人還是對整個企業來說，都會有「運」的影響。

接下來，我們試著探討這樣的問題：如何才能承運而為？如何才能借助這眼睛看不見的力量？

其實，如果要在工作上竭盡心力，就要堅信自己的運。堅信自己正接受來自佛神的庇護，深信自己所做的工作會使佛神喜悅。

如果在這裡說佛神，會讓你感到有些遙遠的話，那麼，你也可以試著去體會家族祖先，或曾與自己有關的人在為自己的工作高興，這種影響是很大的。

企業接班人往往到了第四、五代時就走下坡的原因，多是對創業者、對前輩的勞苦沒有做充分的報答。一日忘記了原來的出發點和初衷、忘記了對創始人的感謝，公司的運氣就會開始不好，同時，公司經營人的運氣也會惡化。

這就是說，為工作竭盡心力的方法，即是讓自己成為能充分接受佛神，或是其他德高望重之人指導的人。當感覺到自己做的工作可以使他們欣喜的時候，我們就能做出竭盡心力的工作成績，所謂的運也會隨之大開。

如果換一種說法，也可以把它說是信仰的問題。若是不喜歡「信仰」一詞，也可以說是感謝。對根源性的存在要懷有感謝的心，對崇高的存在也要懷有感謝的心。若沒有為偉大的存在而努力的氣概，也就不可能在社會上嶄露頭角。頭腦聰明但沒有什麼發展的人，大都只會站在評論家的立場對他人品頭論足，這種人不但沒有感謝之心，也沒有熱情。在熱情激發出來的動力之中，存在著對偉大的存在抱持著感謝之心。

而對心懷感謝的工作者報以冷笑的人，則是可憐蟲。不畏這些人的冷笑，一如既往、努力進取、精益求精，就一定能取得成功。

我深切感受到，要工作就要傾注畢生的精力，投入全身全靈，要把這看成是天命，心中懷有熱情，接受來自偉大存在的庇護，進而突飛猛進。

第六章／工作的方法

第六章　工作的方法

1．把握核心概念

我在前面已指出，對人來說，工作具有很重大的意義，而且要在工作上竭盡心力。可是，怎樣做才能說是獻身在工作上了呢？這就需要具體說明如何才能使工作成功的方法論了。

談論工作，必然涉及到各行各業，我在此得先指出，想要依據這個方法論生搬硬套，處理好各種事物是有些勉強的。我推測本書絕大多數讀者是在公司工作的人，因此想要多加敘述對實務性工作有所幫助的內容，同時，我認為這種思考方式也能適用於其他行業的人。

首先來談一談，一般公司職員取得工作成功的必備方法論。

第一，務必儘快地把握工作的整體輪廓和概念。

這是首當其衝的問題，不是每個人都能夠掌握工作的整體輪廓。有的人只需一天的時間，就可以做到大體上的了解，有的人則是需要花上一年半載的時間，才能摸得著工作的頭緒，這兩者之間會有很大的差距。即使如此，仍很難就此差距，來斷定每個人工作能力的高低，只能說是人的性格不同罷了。而且從長遠的觀點來看，也難以斷言哪種性格有利。

但是，身處於競爭社會的今天，如何盡快把握住工作的中心概念，則顯得極為重要了。既然如此，又該怎樣去做呢？我認為，首先要將工作分成「大、中、小」三個視野來判斷。

「大」，是指把握「究竟什麼是公司本身的經營目的」，既然身為職員，就要理解公司的使命為何。經營房地產的公司自會有其經營策略，同樣，金融業、貿易業、製造業等，也都有其各自的經營理念。也就是說，以商品買賣為主的公司、以生產產品為主的廠商，以及金融流通行業等等，各自有不同的中心概念。若都能事先有所掌握的話，即使日後社會流動激烈，也能夠審時度勢。

其次是「中」，這是指自己具體在公司隸屬於哪個工作部門，這個部門負責著什麼工作、承擔著怎樣的責任；務必要儘快做到對「中」的明確認識。

最後，「小」的部分就是指自己的職責問題了。自己應該做什麼、又應該怎樣去接受和承擔，這些問題是無法迴避的。尤其是在與前任工作者交接時，更須盡快地掌握住自己的工作職責範圍和內容。

雖然一般來說，多是進了公司後，先從交接開始，再對各方面的實務邊做邊學。但是，身處發展快速的商界當中，能夠快速從「大、中、小」三方面把握工作中心概念的人，會被視為優秀的人才，受到歡迎。

依此來看，在轉換工作的時候，之前凡事都只靠自己，在「小」的部分上很有自信的人，若到了工作方法全然不同的新公司，就有可能出現致命性的大閃失。因此，從初期階段就明確地認識公司工作的「大、中、小」是很必要的，而且越快掌握越有益。

總之，當處於就職或轉換跑道之際，首先要弄清「公司的經營思想是什麼，屬於哪種行業、哪種性質，是怎樣的活動形態」等等。其次是要搞清楚「自己所屬部門承擔著怎樣的工作業務」。最後要理解自己的工作內容。

能夠對公司概要做出設想的人，就能夠提早適應今後社會的變化。相反地，只是甘做齒輪上一個小小齒輪，缺乏變化的人，終究是要落於人後的。

2.明辨輕重緩急

第二，從內容上設定工作的先後順序。

通常來說，一般的公司職員若將其一天，或者一星期、一個月的工作內容做細緻分類，大致上都有一、二百種之多；若從業務種類上來分的話，至少也在百種以上。在寫工作交接清單的時候，應該可以輕易寫下上百種的工作細項，多數人面對如此之多的工作，都能逐漸應對自如。

在開始工作時，首先需要對自己的工作內容進行整理。做事不能漫無目的，應該要搞清楚工作的種類，整理出工作的輕重緩急。什麼是不可缺的工作？次要的工作是什麼？隨後要做的是什麼？依次整理。

即使工作細項有百種之多，其中最重要的項目最多也只有二、三種而已。次要的工作有一、二十種。而剩下的七、八十種工作，大多數是為了完成前面工作的附帶性業務。

既不能把附帶性的工作收拾乾淨，又不能把握住哪些是最重要的工作，這就是不會做事之人的特徵。

譬如，以製作一張表格的工作來說，可能會有人在尚未理解表格的目的為何時，就為了做好表格而一整天都在敲打電腦。這類程度的人，也就做不出更進一步的判斷了。因為這種人已把敲打電腦，視為主要的工作。

與此相比，稍有遠見的人，則會在做之前，去思考這張表格的使用目的是什麼。而更有工作能力的人，則會從整體的觀點上做考量，得出更高的見地，看這張表原本是否需要？如果沒有需要，是否可以用其他文件代替？甚至是否根本就沒有用處？自己是否正在做完全沒有效益的工作？

在工作中，必須明辨工作的整體，要看得出哪些是關鍵性的工作、哪些是輔助性的工作、有無工作上的遺漏等。隨之，還要考慮這些輔助性的工作，到底具有多少生產價值？哪些工作必須自己親自下手？這工作如果由別人來做是否會更有效益？這工作本身是否本來就不需要等等。

如果持這樣的觀點，就會發現有許多沒有效益的工作。這些錯誤多是源於弄錯工作的先後順序：先從附帶性的工作開始著手，然後才做核心的工作，這會使無益的工作逐漸堆積成山。因此，先從核心部分下功夫，才是良好的工作方法。

首先，可以把工作的細項寫在紙上，排列出來，把它們分成A、B、C等級。看看欲完成A級工作，是否就必須先搞定B級工作，隨後還要再判斷C級工作是否真的需要等等，接下來便是停止做那些沒有效益的工作。

此外，在考慮效率的問題時，可以將那些自己應該做的工作，以及那些不需要自己做的工作劃分開來。如果有一些需要高度判斷的工作，或者是做為管理階層需要親力親為的工作，那就不要花太多時間在其他無關緊要的工作上，應該於本職工作上全力以赴；找出邊際效應最高的工作方法至為重要。

這種思考方法也適用於一天的工作優先順序上。在工作中，往往同一時間裡會有不同的工作插進來，令人難以應付，這就需要把一天工作的優先順序做調整。

大致上來講，同時插進二、三個以上的工作，就容易讓人忙昏了頭。這時必須立即做出判斷：「這是十萬火急的工作呢？還是一個小時後、或下班之前完成即可？或甚至明天再做也沒有問題？」因此，能夠判斷工作的先後順序是很重要的。分不清工作先後的人，常會將程序顛倒，把重要的工作反而拖延到後面才做，這種人會被視為不會工作。

公司有上下階級，要理解應該將什麼上報給上司、上司需要什麼。如果只報告邊邊角角的事項，而忽視了重要部分，就有可能使工作的效率急劇下降。

這第二項工作方法，即是根據工作的重要性設定先後順序。我相信，一旦掌握了這個方法，就能夠成為工作上通達無礙之人。

3・確立和改善人際關係

第三個工作方法，是要確立和改善人際關係。人與人之間的關係既需要予以確立，又需要加以改善。

從原則上來講，工作不會是一個人單獨做的，也不可能一個人獨自開立一個公司而不與他人接觸。是公司就必然有上下、左右的關係，應該把自己置於這個人際關係坐標的軸心之上。

這個坐標有四個方位，可以在第一象限、第二象限、第三象限和第四象限上把與自己有關的人進行分類。

在自己的上方（第一象限、第二象限）是比自己職位高的人，在自己的下方

（第三象限、第四象限）是自己的部下、後輩等。

繼之，位於同一條線上的人，就是在公司與自己處於相同地位、同等分量的人。這個坐標可以簡單地標示出你在公司內的地位，也可以看作是一個部門內部的上下關係。

指向四十五度角上方的箭頭記號，就是你晉升的方向。緊隨你之後的就是軸心以下的人們。

也就是說，將公司的人分類是一件要事。

在座標軸心的左右，表示能力度和優秀度。自己處於座標的中心點，將比自己能力高的人劃分到右側（第一、四象限），工作能力遜於己的人則劃歸到左側（第二、三象限）。

如此一來，就可以看到在右上方第一象限上，是既比自己優秀又比自己職位高的人。而在左上方第二象限上的人，雖然職位比自己高，但從能力上來看，若不考慮年齡等因素的話，自己有可能超越這些人。左下方第三象限上的是能力不如己的後輩。右下方第四象限上的人雖是後輩，但卻似乎具有超過自己的能力。

依上述把自己設定在中心位置上，可將所有的人際關係整理出來，看清自己的所在。

事實上，從第一象限到第四象限中，對自己的進步有最直接影響的就是第一象限的人。首先，可以把在自己的人際關係中，將既有能力又身居要職的人寫在第一象限上，這些人掌握著你能否嶄露頭角的關鍵。因此，把他們做為進取的目標，當受到這些人的重視和欣賞時，你就有可能被提拔，會更有發展前途。

接下來，是把能力雖不高卻身居高職的人寫在第二象限上。由於這些人地位高、能力低，所以多會對你的工作能力持有戒心。

這樣就能做出相應的對策了，也就是說絕不可過度地刺激這種人。同時，對這些人要保持一定的距離。具體來說，不要讓這些人在心理上感覺自己被超越，不要咄咄逼人，也不要斷定他們就是無能。

如果這些人是自己的上司，就要用與之相應的對待方法，在心中保持距離，切不要與其站在同一立場，甚至是心生優越感。要想辦法讓這些人在工作上順暢，並且自己的工作不被這些人打擾。因為若有不慎，則可能受到這第二象限的人的嫉妒和中傷，而被迫降職或調差，因此要謹慎用心。

而對待這些能力不如自己的第三象限的後輩時，要像是領袖率領部下那般，可以當成是政治家與民眾之間的關係來看待。要使第三象限的人知道你比他們優秀、走在他們的前面。這些人的注意力會放在如何跟隨你，或是如何才能贏得你的信賴。換句話說，他們最關心的是跟隨你能否開創未來。

所以，對第三象限上的人就要像政治家關心民眾那樣，要真心地去愛護、體貼。要像對羽翼下的幼鳥一樣，用博愛之心發揮自己的領導力。

這些人在能力上尚無競爭力，所以是不會超過你的。但如果讓他們感到自卑、失去自信的話，反而會造成你在工作上的負擔。他們同樣是支持公司正常運轉的力量，所以使他們能愉快地工作是很重要的。兵無士氣，功將難成。只知指責他們是無益的，要為他們創造出能夠拚命工作的環境，從多方面進行照料。

最後，是在第四象限上比你有能力的後輩，對待這些人可就沒那麼容易了。在各位的職場中，或許存在著幾年過後將有可能超過自己的人，你的器量到底有多大，從對待第四象限上之人的態度上，便可以一目了然。

出色的上司，其手下也會是有能力的人，使用無能的部下往往做不出什麼有名堂的事情來。這就需要養成能夠發揮優秀部下才能的器量，這是為將者之器。

然而最重要的是，切不可對他們的才能產生嫉妒心。要誠心地誇獎他們的才幹，使之有進一步施展的餘地，這樣自然會結成彼此相互信賴的關係。有才者願為重才者拚命，願為賞識自己才能的人捨身。所以要愛才，讓他們發揮出個性。這樣，有才能的人自然會考慮助自己的上司一臂之力，使水漲船高。

必須認識到，雖然自己有才能，但在組織中孤軍奮戰是不會有什麼大出息。只靠自己個人的力量而沒有外援，是不可能嶄露頭角的。為此，如何使用這些優秀人才，其重要性非比尋常。

在做了這些努力之後，對於自己的命運如何，就要做好聽從天命的準備。真心去庇護有能力的後輩，不要過於擔心日後他們會變得比自己偉大。要有著敢於承擔現實的勇氣，聽從天命。若是身為上司，就要提醒自己如何在愛才之上用心。

在這種努力的過程中，自己所處的軸心將會逐步地向上移動，向著四十五度角上方的第一象限，向著最右上方的頂端延伸。

要讓工作做得更完善，就必須處理好人際關係、促進與他人之間的工作交流。這時切忌感情用事，要掌握住感情的問題。

只要明白畫出所有人在四個象限上的位置，就可以得出與他們交往的良方。

在此我必須指出，對任何人都使用同一種對待方法是行不通的。要根據這四個種類，使用不同方法來決定工作上的人際關係。

今後，如何對工作做出戰略性思考將變得日益重要。如果能設定出大目標，又能在戰術和具體計畫上下工夫，毫無疑問地，這會使你的工作、事業蒸蒸日上，穩步發展！

第七章／嶄露頭角的條件

第七章　嶄露頭角的條件

1．何謂嶄露頭角？

凡是努力於工作的人，都希望自己能夠在工作上有所成就，有了成績就會去要求他人的賞識。而自己的成績一旦得到他人的賞識，在結果上就可以說是「嶄露頭角」了。

身為公司職員大都明白「嶄露頭角」意味著什麼。此外，企業家親手開拓的事業有了發展，自然也是一種嶄露頭角。著名的小說家、作家是以其成名作為轉折點的，隨後這個人的前後風格、立場和名聲等，都會截然不同，就好像是從小職員的位置晉升到管理階級一樣。

在其他方面還有許多類似嶄露頭角的狀況。例如，雖然不是屬於自己職場工作的份內事，但被街坊鄰居推選為某社區的代表等等，便有可能在另一個天地大顯身手了。

此外，嶄露頭角尚包含了許多範疇。例如，取得博士學位、獲得學歷、畢業於著名大學等，都可以說是嶄露頭角。

總之，現代社會是靠憲法來保障權利平等的。這個平等，是指「可能性」的平等。在一個法治的社會中，人從出生後，無論自己的家庭或貧或富、父母的地位或高或低，都有求學念書的機會，畢業後能夠自由地選擇職業，因此，可以說具有開拓前途的平等機會。從這種意義上來講，平等是受到保障的。

然而，這個平等在透過自由競爭的形式來表現後，就會伴隨著「嶄露頭角」等現象。自己想要嶄露頭角，就必須經過磨練的過程。雖說有人能夠走向成功的頂點，但也有人無法如願以償，因而通常人們說的嶄露頭角，是在某種形式上獲得別人賞識的跡象。

除此之外，當然還有各種各樣的嶄露頭角形式，譬如，超脫了世俗、存有慈愛之心的人，即使離開了人問世界，從靈性的觀點來看，這個靈魂走向了高次元的境界，無疑也是嶄露頭角。

2．嶄露頭角的第一條件——體會工作的喜悅

嶄露頭角的第一條件，講到頭就是必須喜歡工作。或許正讀到這一章的人，對此會感到有些意外。但不管你是否有察覺到，要嶄露頭角的第一條件，就是要要喜歡工作，在工作上充滿熱忱。

假若你懷著僥倖、一勞永逸的心理而大獲成功，那也只是一時的現象，不會持久，因為這所謂的成功並非靠自己的實力獲得。好比在期末考前跑到教務處偷看考卷一樣，就算這次考試有不錯的成績，也不能代表自己真實的實力，更不能說自己以後就能順利地過關斬將，變成優秀的學生。

當你踏入社會，嚴酷的現實就會對自己的真實能力做出驗證。用竹刀來練習劍術即使練得再好，可是一到用真槍實彈時就手軟，這說明了什麼呢？沒有真正實力的人，在兵戎相見時終是要敗陣的。

檢驗自己真實能力的時刻必將到來。即使你能用竹刀施展出令人眼花撩亂的招數，可是一旦用真刀真槍時就呆若木雞的話，也只能說自己還缺少本事。

無論腦中如何出謀劃策、戰前投入多少智慧，一旦在實戰中不能證明自己的實力便是徒勞。在工作上證明實力的意思，廣義地講就是要熱愛工作。在工作上勤奮的人，通常也是有實力的人。這事實雖然冷酷，卻必須接受。

對此，可以用畫家作畫來舉例說明。你可知一幅名畫是畫家在多少張畫布、畫紙上描畫，練習過成千上萬張作品後才能誕生；而一幅閃亮之作即足以成為畫家的榮耀。

假使這位畫家是在畫到第一萬張作品的時候，創造出耀眼之作，那麼，他之前畫的九千九百九十九張作品是否都是徒勞呢？當然不是。畫一萬張作品的一切努力，就是這位畫家的實力。雖然最後的第一萬張作品成了名作，但這無疑是對他持續描繪了九千九百九十九張作品之努力的褒獎。

嶄露頭角的條件，首先要理解工作的意義、體會工作中的快樂；隨後還要認識到，這工作的褒獎是來自於工作本身的報答。具體地說，對於體會到熱愛工作和工作之喜悅感的人來說，工作本身具有不容忽視的魅力，這樣的人在迎接工作時，眼中會閃現出與眾不同的光輝。

能夠體會對工作本身的充實感，是多麼重要的事情啊！希望讀者對這個問題做深入的思考。在工作上付出了辛勞、圓滿地完成了工作之後，那種喜悅的心情定能凌駕於其他快樂感之上。

如果在遊玩、賭博或從事休閒活動時，有感到比工作更有意思的話，說到頭來，此人畢竟還是沒有在工作上，充分地體會到真實的喜悅，也因此而往安逸的一面逃避。這就好比一個男子，在接受不到某個女子的真實情愛時，便接二連三地與其他女子放蕩的交往。又好像一個女子，在得不到某個男子的愛戀時，便玩票性質地一個接一個物色其他男子。

儘管工作中有著真正的喜悅，但沒有品味過這份滿足感的人，便只能透過參與其他事情，透過在其他方面從事探險來安慰自己，但最終是不會得到真正的滿足感。

當我們垂垂老矣，回顧七、八十年的人生，總結在數十年間最值得歡喜的是什麼時，就應該說：「我圓滿地完成了如此這般的工作，這樣的結局令人自豪。」因為，沒有任何事情能夠勝過來自工作的喜悅。這種喜悅感，不是偶然從天上落下來的賞賜，而是在不斷從事創造性工作的過程中獲得的感覺。

挖金礦時，不挖到一定的深度是挖不出礦石來的。工作也一樣，不經過一定的年數、不耕作一定的深度，就必然無法品味到這份喜悅。

這種對喜悅的體會，是從「天職」工作中獲得，與打工的感覺自有一段差距。

當然，打工也會有很有趣的事情，也有可能獲得比一般公司職員的固定薪水還要高的收入，但這些東西不會長久，原因在於其人並沒有把這份工作當作自己的本業來做。打工的收入屬於自己付出勞動的等值交換，要想從中獲得超越性的人生喜悅是不大可能的。

所以說，嶄露頭角的第一個條件，即是熱愛工作，能夠感覺到工作本身的喜悅。討厭工作的人不會有真正嶄露頭角的機會，即使一時得意，也絕不會長久。

這就是嶄露頭角的第一條件。

3．嶄露頭角的第二條件——成為有用之人

簡單地說，第二個條件就是自己在所處的社會、組織當中，做一個「有用之人」，或者說，做一個「有益之人」。

請注意，我在這裡說的不是「有能之人」。因為嶄露頭角的條件不是做有能之人，而是要做有用之人、有益之人；要理解其間的差別。

多數人容易在這個問題上出現誤解，認為：「自己是個能人，將來定能嶄露

頭角。」「自己是有能力的人，一定能得到別人的承認。」「自己有才有能，必有出頭之日。」這樣想當然可以，但必須知道有可能會因此而出現相反的結果。雖然自己有能力，但關鍵在於這能力在人際關係中如何去發揮。

人的出色才能，就好比是把鋒銳的武士刀。但世上幾乎不會有人用削鐵如泥的戰刀在廚房做菜，更不會有主婦揮舞三尺長的武士刀切蘿蔔、番茄等蔬菜來準備晚飯。刀很鋒利，但鋒利的本身也必定伴隨著一定的危險。

出色的能力就好比是這樣的快刀，有用武之地時可以快刀斬亂麻、勢如破竹，但如果用錯了場所，就有可能變成一個危險的工具。我在此必須指出，所謂有能力的人，只有在與其所屬集團的利益結合時，這個人才能成為真正有用、有益之人。

實際上就是說，即使你具有非凡能力，但若是該環境不適合你發揮那能力，那就不要發揮還比較好，如果有所發揮的話，反而可能因此成害。

在工作時便須具備如此審時度勢的眼光，要觀察工作環境中需要的到底是什麼，是刮鬍刀、剪刀、菜刀呢？還是鋸子、錘子、武士刀、割草刀呢？

比方說，某個新進員工非常精通於人事業務，但是很可惜的，此人的能力是難以得到發揮的。如果他因而對上司在人事工作上的差錯做評論，就很可能被上司下這樣的評語：「這小子工作輕浮，還胡亂比劃、多嘴多舌，沒什麼出息。」

也許這位新進員工在二十年後可以坐上人事部長的大位，但至少在眼前，精通人事業務，並非是公司對新職員的能力要求。想要晉升，就必須在適當的時機，發揮適當的才能才行。

我在此要特別強調，在人生的幾十年中，周遭環境對你工作能力的要求絕不只一種，一定是多種多樣的。

這與木匠選用工具很相似，做某項工作需要使用一定的工具。鋸與銼要分別使用，錘與斧也要分開使用。無論你擁有多少種工具，如果不懂得各自的用途是不行的。只有知道如何根據目的分別使用工具，有能力之人才能變成有用、有益之人。

要想做到靈活使用工具，就得經常保養，事先理解每個工具的用途，否則自己的能力就得不到充分的發揮。

若在只有兩、三公分厚的木板上打入五公分長的釘子，木板自然會被釘穿。要知道，把釘子釘進木板本身雖然屬於一種技能，但也有可能因此帶來危害。

也許不少讀者對這樣的說法不能理解。世上為自己不能嶄露頭角而感到忿忿不平的人，大都會有這樣的想法：「我如此地有能力，但公司從不重用。」

我們必須知道，公司不是為了評定某個人的能力高低而設立的，也不是像學校那樣，是為了評定你的學習成績。自身的存在價值，就在於能否為更多的人謀得利益。

因此，能力越高，就越應該努力轉變為一個有用、有益之人，這可以舉高學歷做比喻。有高學歷的人會認為自己有才華，滿懷自信，也會自負於自己是個不同凡響的人。當然，有了這樣的自負，可以在工作上達到出色的成果。

但是，這位具高學歷、有能力的人如果找不到施展之地，他的這些優越感都是枉然。但在這個問題上許多人會有誤解，常常有這樣的人，他們對自己的能力有充分的自信，但卻對自身周圍的環境感到不滿，因此而埋怨周圍的人和環境。也就是說，許多人容易把自己不能嶄露頭角的原因，歸咎於自己未受重用。

關鍵即在於自己如何從有能之人轉變為有用、有益之人。即使你的了不得的才能還沒有受到重用，這責任能推卸給誰呢？建造房屋、樹立樑柱之前必須先選材、加工，其次才能立柱，隨後是蓋屋頂，每一個過程都不能忽視。

要常捫心自問：「究竟自己是不是個有用之人？是否只為自己是個有能之人而自傲？」這就是嶄露頭角的第二條件。

4．嶄露頭角的第三條件——善於用人

在談第三條件前，我要特別強調，嶄露頭角是指自己站在眾人之上，自己可以擔負起照料許多人的責任。

也就是說，自己的時間會越來越不夠用，於是就需要在自己獨力一人無法達

成的工作上，透過他人的協助來完成。譬如，自己當課長的時候只有五、六個手下，而當了部長後，就要指揮幾個課長，部下加起來會有二十幾個人，當了公司的董事時就要率領百人工作。

因此，需要充分地了解，到底有多少人是需要自己照料的。具體地說，單兵作戰的能力，與指揮他人的能力是不同的，對此要儘快明白。

從個人角度看來很優秀卻總不能成功的人，多半無法指揮他人工作。雖然自己在做推銷員時可以一鳴驚人，可是在指揮部下時卻不能順利地完成工作，這樣的事例很多。

這是因為自己一個人工作時，個人能力或許可以得到一定的證明，但是這種個人能力和善於用人的能力是不一樣的。

好比讓一個有好手藝的人去建造巨大的摩天大樓，只靠他一個人是無能為力的。讓能做小木屋、塗塗油漆、修修屋頂的能工巧匠去建造大型建築，這就得另當別論了。

因為建造大型建築時需要組編各種專項小組、規劃設計藍圖、籌集建設資金等等，必須有眾多的人來進行工作；這就必須具備善於用人的能力。

於是我們可以明確地說，嶄露頭角的第三條件，就是要明白自己的個人能力和善於用人的能力是不同的，要能區別使用。接著，就要把個人能力逐步向善於用人的能力發展。

假若讓偉大的拿破崙獨力揮動戰刀與百人去拚殺的話，他不會贏，即便僅是與十個士兵拚殺也會敗陣。他個人的力量只能抵擋一、二個士兵，最多三個士兵而已，在敵手多的情況下幾乎沒有勝算。但倘若讓他率兵一萬、十萬的話，他卻能夠成為一位無敵大將軍。

如果不能明白這個道理，就說明了你離嶄露頭角還遙遙無期。認為自己只要有能力就足以應付工作的人，只能停留在專門的工作業務上，甚至終其一生都是如此。當然，人的靈魂具有傾向性，以某個專門業務，追求盡善盡美，自然不是什麼壞事，但如果從嶄露頭角的角度來看，只有這樣是不夠的。

雖然在工作的起點上幾乎靠的是個人力量，但要想捕捉真正的嶄露頭角機會，就要在發揮個人力量的同時，逐步增進對人心的掌握能力，認真地去思考如何才能善用他人完成工作，這就叫做管理能力。

管理能力的基礎，是正確地觀察人、洞察人之長短。要想在用人方面做到適材適用，就要知道將什麼樣的人配置在什麼業務之上，如此才能使之發揮能力；反之，安排在什麼地方就無法發揮其能力。

由於每個人不一定都能對自己的素質有所自覺，所以要儘快看清他人的素質，這是做為管理階層不可或缺的能力。

5・如何研究人的本質

要想充分地領悟嶄露頭角的第三條件「善於用人」，就必須重視對人的本質進行研究。

研究人的本質有幾種基本方法。一是將自己投身於人際關係中磨練，從中體會和增長對世事的見識，此為取得經驗的方法。二是儘早找到自己的人生良師，學習此人正確的洞察力、觀察力，從此人如何觀察世人的方法中增長見識。第三個方法較為人熟知，那就是廣泛地讀書。

書的內容雖然形形色色，但必定有其重要脈絡。其一是偉人的生涯傳記，偉人的傳記是成功的典範。

其次是重要的歷史讀物。知歷史可以知未來，我們能從歷史事件中看到前人怎樣處理複雜的問題，而其結局又是如何。研讀史實可以增強自己的辨別能力，即使將來被捲入了複雜的問題中，也能預見問題的發展。

就像考生在大學聯考之前預習考題一樣，透過學習人類史上曾經發生的過去，來磨練自己對將來的預見能力，這種讀書方法很有效。

一是傳記，二是歷史，那麼還需要哪方面的書呢？是詩歌等文學作品嗎？

你知道人心容易受什麼影響而產生動搖嗎？有的人重視知性，有的人具備理性，但是，人在形形色色的條件下最容易動心的，畢竟還是感性。不去激發人的感性便很難動員群眾，這絕非小事。

在磨練感性時，不可淡漠了對文學藝術作品的關心。要了解究竟什麼才能打動人心，要知曉什麼才能激蕩人們的胸懷。

讀書的第四個方向是宗教書。從某種意義上來講，這是個不能迴避的問題，因為宗教書比文學讀物具有更深奧的含義。如能從宗教書中領悟佛神的心，便能在自己的心底樹立起不動搖的軸心。那是在遇到艱難險阻時，使自己跨越難關的中流砥柱。

如果你正在往管理階層發展，就不要吝惜在精通、理解人心上做努力。

以上即是嶄露頭角的三個條件。

第一條件：要能感受工作本身的喜悅，對工作要有熱心、熱愛、熱忱。

第二條件：有能之人未必就能嶄露頭角，要做一個有用、有益之人。

第三條件：仔細地分析工作。是個人力量能夠完成的呢？還是超出了個人的能力範圍？若超出個人能力範圍，就要善於用人。因此，在用人方面還需具備善於管理的能力，要提高此項能力就不能不加強在各方面的修養。

以上講述的要點在各種場合下都能相互交融，相互關連。希望讀者們能夠把這三個條件銘記在心，作為自己今後在工作上努力進取的指針。

第八章／何謂真正的領導？

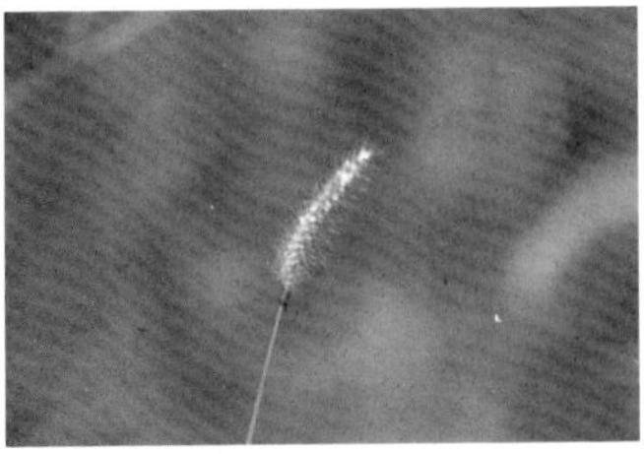

第八章　何謂眞正的領導？

1．何謂肩負新時代的領導？

本章將在這個問題上做更進一步的探討，論述怎樣的人才能稱之為真正的領導，以及作為領導的條件。

請讀者們留意，以下的內容已不是對如何嶄露頭角進行一般性的論述，如果說，「真正的領導論」是與靈魂的進步、進化毫不相關的話，這理論的本身就幾乎是無益的。假使能夠理解人的本質是靈性的存在，自己成為領導的過程，亦是自己靈魂進化的過程，那麼從中即能產生無限的幸福。相反地，只是為了滿足自身的權力欲望，就會造成許多人的痛苦。一旦靈魂退化、墮落，也就不配做一個真正的領導了。

當今世界形勢日趨複雜，但在這樣的狀況下，更能檢驗出什麼是做為領導的真正價值。身處世界各國各地的領導者正在經受著考驗，即使他們是被推選出來的優秀人物，其價值的真偽也必然會在當今的歷史舞臺上接受考驗。

也就是說，在環境有利於那些現任領導者時，其真偽難辨。從這些人掌握的巨大權勢和肆意進退的領導方式上，看不出這些領導者之間有什麼區別。

領導者是否優秀及其真偽，在遇到逆境時便能看得清清楚楚。如果是真正的先驅，在逆境中就不會狼狽不堪。如果戴著虛偽面具的話，一旦處於逆境，就會明哲保身、相形見絀，在行動上亂無章法。之前的佛面會驟然發生變化，像夜叉一樣向損害自己權益的人做強行壓迫。

真正英明的人，即使遇到了誤解、處於逆境，也能夠泰然自若、孜孜不倦、默默地做鑽研。他們期望著能夠發揮自己真正實力之時的到來，等待著寒冷過後的春風暖意。關鍵在於是否存有私心、是否為無心的狀態。

本章雖是從國際政治形勢切入話題，但也同樣適用於公司、企業的經營。

假使某個人從事的工作恰巧迎合了行業中的潮流，他就有可能大獲成功。順水推舟，自然會使此人得到嶄露頭角的結果。可是，這個成功是否屬實，此人本身是否為真正優秀的人，這樣的考驗遲早會到來的。

在人生三、四十年的社會經歷中，不可能總是符合自己的意願行事，不會總是一帆風順的。順風得勢者常會在風平浪靜時，或在遇到迎面風驟起時，顯得格外脆弱。在日後不穩定的國際政經形勢下，要做一個真正的領導者去統率集團、指導人們向前，為此就不能只滿足於個人的成功，這是時代的要求。

要問何謂真正領導的條件，不如說是在惡劣的環境下，勇於向逆境挑戰的人；在不利的處境中，磨練自己能力的人；對人們厭惡的工作勇於承擔、取得成功的人；在非主流的領域兢兢業業努力，終於有了成就的人；這樣的人即是真正的先驅，即是能夠承擔起時代責任的先鋒。

有許多公司是在經濟景氣的時候發展起來的，日後多會不可避免地經受危機的考驗，如果這個時刻的領導者不知該如何處置危機的話，那麼大船會翻沉、飛機也會墜落。只有臨危不亂，在逆境中培養堅韌的精神和體力，才能成為真正的強者。在此想特別告誡年輕人：「絕不要只為了滿足虛榮心而去迎合潮流，要勇敢地承擔起他人所不想做的工作，在急風中逆風前行，向艱險做挑戰，這樣做才不枉青春。」

在日本，很多人於一流大學畢業之後到一流公司就職，而後便把個人奮鬥當作終生的目標；這樣的人也常會被視為社會上優秀的人。但是，無論如何我都認為只有這些是不夠的。因為這種認識，就好比用數十年的人生去解早已有標準答案的方程式一樣。

像解簡單方程式一樣的人生，究竟有什麼趣味呢？相反的，投入身心去解難以得到答案的方程式，當在七倒八歪的奔波中求出了答案時，那時便會欣喜若狂地在心中吶喊：「我終於得到答案了！」這種充實感豈不是更令人嚮往。

我認為，自顧自地試圖解開那誰都能解開的方程式、朝著誰都能到達的目的地奔走的人，是不能稱為真正的領導者。那些聽到了他人對自己「出身明星學校，就職於著名公司，是個優秀人才」的評價後，就自我膨脹而洋洋自得的人，多會在以後幾十年的時間裡，面對悲哀和落寞的結局。

2・變遷的職業

這樣的事實就發生在現實的社會中。二、三十年前的日本，在「國營鐵路」和號稱「國家鋼鐵」的大型鋼鐵產業就職的人，大多畢業於一流大學，被看作超級卓越的人才，可是如今，這些企業由於經營不善而民營化了。

此外，政府部門的工作也相同。自明治時代以來，大多數人認為政府機關的地位、待遇要比民間部門高，所以比較優秀的人才，都會以進入政府機關工作為目標，這種風氣持續了幾十年。但只要看看當前的形勢就能夠發現，這種趨勢已經開始有了明顯的轉變。目前在日本，當公務員已不像往年那樣熱門，開始有受冷落的氣氛了，時代在如此變遷著。

從整體上觀察先進的國家，便會痛感龐大政府機構的弊病。社會主義體制的蘇聯崩潰，原因即在於，龐大的國家體制下，普通人的生活並沒有走向幸福。

應該將龐大的政府機構精簡，多建立些「小政府」，將人們的活力解放出來，這樣國家才能夠達到發展和繁榮。相反地，若將統治力量過多的用在抑制和封閉人們的活力，國家的發展即會停滯；這樣的結果是理所當然的。

從力學的角度探討經濟繁榮的問題，首先可以說，做管理批准、發放認可證等行政機關的人員越多，類似去限制人們的經營活動、取締經營業務的人員越是增加，國家的整體就會走向沒落。一個國家只有施行信賴人民自信和勇氣的政策，其社會才能走向繁榮。

日本正面臨著對未來之路做選擇的緊要關頭。如果從整體的走向來看，選擇一般人能夠獲得繁榮和自由之路，國家就能走上繁榮發展的方向。

既然如此，政府機關等過去的熱門職業便免不了要出現危機，曾被人視為優秀人才好去處的地方，將逐漸停滯下來。如今，社會上的職業呈現出五花八門的狀態，因為那些曾被認作「非正經人從事的工作領域」出現了繁榮景象。依我看來，日後，類似生活資訊和流行設計產業等，這種形而上的工作將會走紅，而且發展趨勢將會持續。

3．探求新境界

靜觀時代的流向，我不得不提醒有志做新時代領導的人們，常言道：「公司的壽命只有三十年。」在各種產業的潮流中，會有一波接一波的新浪潮。

所以，懷有做時代先驅志向的人，必須把目光轉向尚未開花、尚未成熟、結局未定的世界。只有在這樣的世界中經過磨練、露過鋒芒的人，才能成為引導人們走向前方的領導。隨之，在即將來臨的時代中，即使是有學歷的人，也要在自己的學歷不能通用、甚至陌生的世界努力，為發揮自己的才能竭盡全力。當今的日本，雖然被稱作「證照和學歷的時代」，但今後將到來的，是一個情願輕易丟掉證照和學歷、勇於向新領域挑戰的人不斷地湧現的時代。

迄今為止，在日本，做醫生一直被視為理想的工作，優秀的人才曾不斷地湧入大學的醫學系，畢業之後順利當醫生。可是今後將會看到醫生過剩的現象，會有許多人對自己是否適合當醫生而自問。因為在現職的醫生中，有相當數量的人本來就不適合從事醫生的工作。

這與上述在一流企業就職的事例相同。要進大學醫學系很不容易，而一旦當了醫生，便有了高收入的保證，隨之可以受到人們的尊敬。在這種意識推動下當了醫生的人，是不會把醫療事業看作自己的天命、天職去做的。可以預見，在此背景下當了醫生，自然會有不少人感到自己並不適應這個工作。

於是，這些人有可能會在今後反覆地變換工作。今後，做醫生的人也會不惜丟掉自己持有的醫師執照，去選擇其他行業；即便理工科的博士、碩士，也有可能不惜學歷而去闖蕩其他新的領域。

人們勇於迎接挑戰的時代、寧願做出有風險選擇的時代必將到來。

在這樣的局面下，優秀的人才對前途方向有兩種選擇。

其一，不華而不實、譁眾取寵，在適合自己技能、學問和經驗的地方孜孜不倦地努力，勇於承擔起不引人注目的工作。在能夠發揮自己技能、特長的行業，或是有發展前途的企業中，走出一條人生路。

其二，開拓新天地。譬如說，法學系畢業的人成了經濟學家，文學系畢業的人當了工程師，醫學系畢業的人做了商人等等。如此，不顧忌工作是否與自己的學歷、經歷一致，在嶄新的領域中開闢新的前程。

今天的大學教育和專科教育，在教學內容上有許多東西早已過時，無法對將來有明確的啟示。其實，開闢時代前程的方法就在現實社會中，眼前的現象已包含了未來的預兆。要有所發現，就必須用敏銳的嗅覺掌握機會、度過難關。

今後選擇職業時，不管與自己所學的學問是否有關，都要做出抉擇，向上充實生活。明確地說，凡屬於新時代的先驅，都會進一步重視人心的問題，我堅信這一點。雖說這個問題是否屬於宗教，人們的看法不同，但至少可以從心的層面來探討如何使人們幸福。今後，凡時代之領導願在這方面探求人生意義的時代，必將到來。

當今優秀的人才正流向日漸繁茂的金融業、資訊業，正流向能夠獲得高收入的行業。但我認為，這樣做畢竟無法在資訊交流和金融盈利的局限性感覺中，獲得人生的意義。必須推陳出新，逐步注重對人心、對心靈問題的研究。

4．為人類創造幸福的工作

我可以明確地預言，世界的領導們將會逐漸將內心的精神世界作為核心課題，向創造人類幸福的方向上探求。這就是我特地在此，想要重複強調的重點。這樣的時代在進入二十一世紀後，將更是會明顯地表現出來。

這種情形，從某種程度上來看是經濟問題的反作用力，被席捲於經濟鬥爭漩渦中的人們，其思潮所引起的反作用力。這些反作用力，將會把時代引向修正和淨化人心的方向上來。

今後，對心之問題的探討，也同樣能夠產生出利益，並將形成大規模的事業。我認為以往以「鋼鐵即是國家」為口號的時代，將轉變為「心即是國家」、「心即是世界」的時代。

具體地說，即是不要將目光單純地放在選擇何種職業上，在工作和經濟問題的層面，還存在著「心」的問題。無論從事什麼工作，在工作以外的時間裡，對人的本質做研究、對人的幸福做研究、對心做研究，將成為新時代的潮流。

今後的人們，將迎接大量閒暇時間的社會潮流。這意味著，如何對大量閒暇時間注入生產性意義，將成為一個重大的課題。

因此，能夠向人們講解如何有益地使用閒暇時間的人、讓人們明白在獲取生活食糧的勞動之外尚有更重要工作的人，就是真正的時代先驅。

至今的時代雖然看重學歷和證照，但在未來人們必定會希望尋覓到有著「心靈黑帶」（編注：「黑帶」是指好比空手道「黑帶」之意）、「心的段數」之人才。

5．成為新時代領導的三個條件

在如此時代潮流中做個真正的領導，其條件與現實社會中的思考基準不同；作為新時代的領導必須具備三個條件。

第一個條件，是在最初二十年左右的前半生中，從客觀上來觀察，能夠被人們承認是個非常優秀的人才。

雖然前面提過，不惜捨去學資歷而選擇前途的時代即將到來，但是，在捨去這些學資歷之前，自己是否已掌握了一定的能力，這是極為重要的問題。不管你是畢業於醫學系、法律系，還是理工學院出身，或是具有什麼技能、是個體育選手都不能例外。在人生三分之一的前半生中，建立起堅實的成績，會對今後產生極其重要的影響。因為這是世人能夠承認領導資質的第一階段。這個條件就是要先證明自己的才能和優秀的程度。

第二個條件，要有親臨危機、困苦和處於逆境的經驗。不能只考慮有利的環境，要勇於向困難挑戰。有了這樣的親身經歷，才能在今後的時代中獲得人們的稱讚和尊敬。也就是說，不要只沉緬於過去的經歷，要在嶄新的道路上做努力。

第三個條件，是在與自己的過往經歷不同的領域中做努力的同時，將兩者統合，去創造嶄新的境界，這同樣是非常重要的條件。

舉例說明；假設某位醫生轉行去經營公司，最初由於他對經營的業務不習慣，所以會感到很費力。可是一旦走入正軌，自己的經營能力得到了增強，他的著眼點就會與眾不同。他的目光會轉向何方呢？通常公司的經營是以賺錢為目的，因此，眼中只有與利潤有關的數字。但醫生出身的經營者會注意什麼問題呢？以保護人的身體健康為職業的人，在做經營工作時，會怎樣去思考呢？

這個人很可能會考慮：「如何經營公司，才能對整體社會人們的健康有所幫助，如何才能向這方面發展？」他會構思：「公司的人員怎樣工作才能既提高效率，又能保持健康、生活快樂？」公司的經營理念會在這樣的情況下發生變化。

第一階段的「正」、第二階段的「反」、第三階段的「合」，在如此辯證發展之下，即能夠創造出一個嶄新的世界觀來。若使用上述事例做說明的話，這個公司將會把醫學理念體現在具體的經營方針中。

下面再舉一個例子。在金融界工作的人多是經濟學、商管學院或法學院出身，在此假設一個畢業於理工學院的人進入了金融業界。首先，由於這個人的思考方法與眾不同，所以開始時會很辛苦，但日後便有可能在同業中嶄露頭角。

因為，這個人下一步考慮的問題，將是如何充分利用各種數學公式、科學性的預測手段來重新改組金融界；這種全新的思想將是注入金融界的新血。

同理，如果法學院出身的人去搞文學的話，又會怎樣地描繪人間社會呢？

過去，搞文學的人理所當然的多是從文學院畢業。法學院畢業的人若去創作文學，其作品或許不僅僅是刻劃人的心理活動，更會涉及現實社會的構成、組合，在描寫現實社會的過程中顯示人心承受的影響。在這種思想下創作文學小說，就會與以往文學家的靈魂趨向有所不同。

如此，以不同的構思開創嶄新的前途，將形成日後的時代潮流。這是值得欣喜的事情，在日後也同樣能贏得世人的喝采。

做一個真正領導的條件，第一，需要在較早的時期，顯現出為他人所認同的才能。第二，讓自己在完全不利的條件中培育和磨練，使才能之花開放。第三，在才能之花開放之地，同時有效地使用自己的學歷與經驗，在開創嶄新的世界上下工夫，使新花盛開。如此一來，才可能成為一個規劃未來藍圖的領導。只有積累了這樣的經驗，其做為領導的資質才能得到人們的肯定。當然，在這個背景中，也包含著對人類心靈取得新的發展和進化的要求。

人類靈魂就是如此器量寬闊的。我們可以這麼想：在使心境不斷提高的努力之中，真正才德兼備的人定能得到世人的認定。

第九章／工作與愛

第九章　工作與愛

1・愛的本質與工作

若以佛法真理的角度來看待工作問題時，何種態度才是符合佛法真理呢？首先，必須用佛法真理的觀點去認識工作，知曉其意義何在。

有人認為，這類問題本屬於佛教八正道中「正業」的範圍。當然，從理論上來講，在八正道「正業」之中，或許包含有端正姿態、力行工作的論點。但這種看法主要是從反省面去觀察工作問題的，我認為只用這樣的觀點看待工作仍不夠充分，還應該做更廣泛的探討。思考一下是否能以更積極的觀點重新看待工作，為工作重新做定義；這是一個重要課題。

至今為止，不知是否有人曾經從工作與愛的關係上，來充分認識工作。也許對多數人來說，專心致力於工作，究竟與「愛」有著何種關係，是個難於理解的習題。

即使有人對這個問題曾做過某種程度的理解，但也多是「因為愛包含著對社會貢獻的心念，愛公而無私，因此從這個意義來講，人需要工作」等看法，這個觀點並沒有錯。然而我認為不應該只從公眾角度，或者說只從建設烏托邦的大目標來談論工作，也應該從私人角度來做探討。

如今，我已經從各種不同的角度探討了「愛」這個課題，也說過「愛的本質在於施予，愛具有無償性」、「愛的表現有時溫柔，有時嚴酷，也有時強勁」。在認識愛與工作的關係時，「溫柔」、「嚴酷」、「強勁」即是不能忽視的觀點。

溫柔，對多數人來說，就好比工作的潤滑劑，是強大的推動力。

嚴酷，尤其在「勉勵之愛」中常表現出來。於嚴酷的環境下，能磨練出高超的工作技術，這亦是真理。

強勁，通常是以「責任感」的型態表現出來。譬如，公司的科長、部長，就要對自己的部下負責；公司的總經理不僅要照顧到職員的生活，還要有不斷地追求公司發展的熱情等等。

除此之外，還有其他需要考慮的重點，那就是——愛還具有細膩的一面。這就如同母親在照料嬰兒時所表現出來的愛。嬰兒啼哭時，母親便會苦思，孩子是吵著要換尿布呢？還是要喝奶呢？母親對孩子的照顧是面面俱到。

無論從哪個角度談論愛，都不能排除其細膩的一面。而且不光是母親的愛可以拿來做比擬，細膩的愛也能在工作中表現出來。那又是如何呢？我認為，細膩的愛就是在工作上表現得不出差錯、沒有紕漏。

2．工作中貫穿著愛的法則

若說在工作上不能出差錯，這種說法或許有些嚴格。凡是有過工作經驗的人或多或少都曾在工作上出差錯，人一旦在工作上犯了錯誤，事後多會產生苦澀的滋味，或是在內心譴責自己。

為什麼自己不能好好地工作呢？為什麼自己的性格有缺失呢？為什麼自己總是出錯呢？為什麼自己的頭腦不如別人靈活呢？犯錯的人會產生諸如此類的煩惱。

有些工作雖然能靠一個人獨立作業，但絕大多數的工作都是要與其他人共同完成的。工作中有同事、部下、上司或生意夥伴等各種人際關係，在這些相互關係當中就具有一定的工作意義。

其實，這樣的關係和愛很相似。愛，產生於人與人之間，是人與人之間的結合力量，是人與人之間的關係學。而書面文件，就是人們為了溝通彼此才出現的。

書面文件就好比是給對方的公開信件，只不過在這公開信件中，不能僅僅只是為了單純地傳達自己的心思，必定還有其他人需要從這份文件中，找到所需的訊息內容。因此，在繕打文件時還必須同時考慮到上司或別人的立場。

做了一份書面文件，就一定會有另一個人過目，如果文件漏洞百出的話，就等於自己在剝奪他人的時間。從這層意義上來說，或許可以認為，這樣不負責任地工作，即是「奪愛」的表現。

也就是說，在工作上經常出錯的人，就好像是想讓別人來關心自己的小孩子一樣。如果在工作環境中有這類經常出錯的人，別人就不得不總是要替他檢查工作。如此耗用了別人的精力，在某種程度來說就相當於在奪愛。

若把工作看作是愛的具體行為之一，就要領悟到在工作的世界中，流動著愛的法則，人們必須在工作上思量他人的立場。要知道自己所做的工作究竟是為誰而做，要為人們提供其所需。這是至關重要的想法。

3．滿足他人的需求

如果對於自己的工作太過於拘泥，就有可能會給別人添麻煩。若給此人評價，或許可以說此人還處於彰顯自我的階段；這類人如果沒把工作做到自己能夠滿意的狀態，就無法放手。

當自己的工作有所進展，自己就沉浸於自我滿足的情緒裡。然而，在社會當中，如此想法只能說是靈魂的幼稚。

無論自己有多麼強的工作意願，都必須考慮別人的需求，隨之要盡力去滿足別人的需求。只拘泥於自己工作範圍之中的人，遲早都會成為組織的旁流，最終要被主流排斥。

這也是具有聰明頭腦的人常常失敗的原因。在現實社會中，有些人在剛進公司時還能被別人看作是頭腦聰明的人，但在日後卻被拋到了後面。這樣的人多半像個學究，只想按照自己的意願進行工作，卻不知道公司整體或自己所在部門的需要。這是被過於追求自我滿足的「知」和形式上的「知」所拘束了，因而不能掌握整體，失去了與他人之間的協調性。這樣的人即使頭腦再好，也會被後人超越；這是個嚴酷的事實。

把這些事例做為參考，便可以將不會工作的人分成兩類。

一類是明顯地在工作上能力不足的人；一類是雖有過人的能力，卻無法與他人協調地工作的人。前後兩者如在一個組織中工作，多會給別人帶來不少麻煩。

如果認為「工作也是愛的一種表現」的話，就必須站在更高的觀點上，為報答多數人的願望而努力。

尤其，這個現實的社會，和作家這類追求自己獨特風格的工作行業不同，大多數人是根據各種需要而行事的。因此，要做高水準的工作，就必須預先察覺他人的需求及要求是什麼。

此外，要盡快了解自己上司的性格，到底上司要求的是正確的工作？亦或是有效率的工作？還是仔細的工作？首先就要知曉上司的要求究竟是什麼。

生活在世間的人，倘若願為社會貢獻，就絕不能無視於別人的需求。世間是由許多人結合所構成的社會，意即人間社會是因為有人與人之間相互的需求才得以成立。反過來說，正因為彼此有需要，才會出現社會共同體。

總之，想要做好高水準的工作，就必須滿足人們的需求。

4．服務精神與愛

從某種意義上來講，滿足人們的需求，也就是為人服務的精神。而服務精神的深奧之處，就是愛心。

讓他人得到滿足之心絕不是膚淺的。以自己的工作為機緣，讓更多的人能夠得到較滿意的服務，便是正確的工作態度。

每種工作的性質雖然不同，但每個人都應該知道，自己若做了給別人添麻煩的事，就是一個奪愛之人。相反地，所做的工作若能夠使人歡喜，就是施愛的行為。

在這個時候，適才適所的思考方法很具關鍵。或許各位都會希望自己能比別人偉大一些，一旦自己真的偉大了，就應該有能力，把愛給予更多的人。若感到在這方面的能力尚不足時，很遺憾地，自己也許還不是那麼了不起。假使只是想贏得別人的稱讚、高人一等，而不想為別人服務的話，自己所做的事情就有可能在社會上產生惡性的結果。

因此，應該將嶄露頭角看作是佛神的恩賜，在工作上發揮自己最大的長處。「發揮自己最大的長處，盡可能地不讓自己的短處擴大」——這種想法不就是真正的工作精神嗎？

我們必須知道，服務精神是向工作注入愛之能量的巨大動力。不但要有體諒他人的心，還要對工作滿懷熱忱和誠意；這些都不能忽視。

想要給予他人一些愛，就必須先在日常工作中投入自己的真心，要理解他人的需求。如果能做到這一點，必能使周遭的一切，都向著美好的方向轉變。

切記，細膩的工作即愛的表現，在這個「愛」中，包含有能洞察他人需求的賢明之心。

第十章／休息的效用

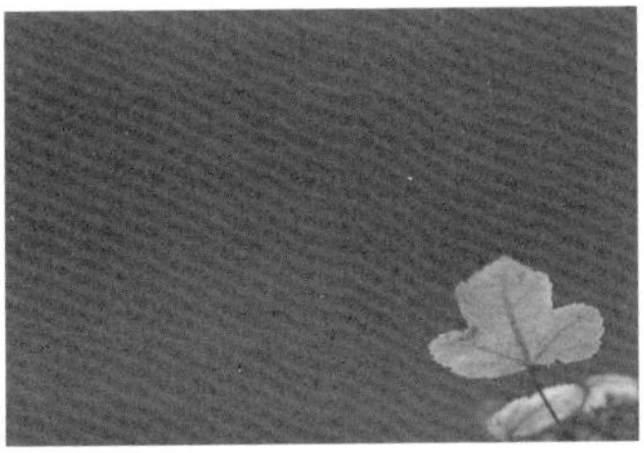

第十章　休息的效用

1．靜的幸福

在我至今所講的各種理論中，均有一個共同的思維，就是「無論在任何情況下都要努力、精進、向上」。基本上，這樣的想法當然正確，並且絕大多數的人也是遵守這一準則來生活。但是當我們考慮人類幸福的問題時，只做單純的努力、把向上當作目標，還不能說就是幸福的全部，這是你我無法迴避的問題。幸福應該是一種悠閒、清靜的感覺，不屬於動態的。這種幸福也是人類在千萬年的時光經歷中，尋找到的閃亮不滅的真理。

學校在夏季裡要放暑假，許多公司和企業也有年假制度，其理由就在於「炎熱夏日會使身體疲乏、甚至中暑；要養精解疲就要休養，使身心輕鬆」。

外國人對日本人有個刻板印象，即「會工作，不會休息」，這一點是日本至今經濟繁榮、發展的主要原因之一，也是不能否定的事實。但從一個多少理解歐美人行為模式的人之觀點來看，就會覺得歐美人的思考方法著實有趣。

說日本人好動，不如說日本人一年到頭總是像螞蟻或蜜蜂那樣忙個不停；歐美人的工作觀則與此有些不同。

歐美人對待工作，可以比喻為草原上的「百獸之王」獅子。獅子在追捕獵物時，總要先觀察好何時何物是「最佳機會」，在下了「此次出擊不能徒勞無獲」的決心後，才發揮全身的肌力，全力疾行，強勁、敏捷地撲倒鹿或斑馬等獵物。

相反地，在腸胃得到滿足之後，獅子就會躺在樹蔭或是陽光下半睜著眼休息。這時即使有什麼動物從眼前通過，牠仍然是漠不關心地靜臥養神。

2．從獅子的生活模式中學習

我在談獅子的習性時，便自然會聯想起「彈簧」，即「能伸者定能縮」——沒有只伸不縮或只縮不伸的彈簧。我認為，獅子的生活模式就好比彈簧。

若從螞蟻或蜜蜂的角度來看，也許會覺得獅子如此清閒，一定是個非常懶惰、不勤奮的傢伙。可是當獅子奮起、迅猛地奔跑時，又令螞蟻或蜜蜂難以置信。對每天必須淌著汗水辛勤勞動的動物來說，獅子的生活模式是很難理解的。

這倒不是故意將這類動物的生活模式做比較。我只是推測，能在世上建立偉業的偉人，或許在他們的生活方式上，多有近似獅子生活模式的部分。

任何人的生命歷程中，都有其最活躍的時候。而人的實力成長軌道絕不是徑直不曲的，其發展具有一定的階段性。

具體地說，人在一段時間裡會產生停頓感，因而為此煩惱；可是一旦度過了這個時期，至此積蓄下來的力量就會噴發，一氣呵成，迅猛發展。所有的人不都是在這停滯及發展的周期中磨練著人生的嗎？

重點在於，「關鍵的時刻」要能發揮出爆發性的力量。所謂爆發力，即是在攀登、征服眼前懸崖絕壁時的「一氣呵成之力」。

當你一鼓作氣登上了面前的山頂後，眼前就會呈現出遼闊的平原，而當你漫步平原時，又會再逢絕壁。這攀登、漫步的周而復始過程，恰可以比做人生。

對每個人來說，較大的人生試煉在一年中只有幾次，不會隨時都有。每逢人生試煉的關口時，能否發揮全力、凝聚智力和體力的關鍵，在於必須能夠像彈簧那樣「能伸能縮」，在平凡的時間裡積蓄力量。

歐美人可以理解獅子型的思考模式，而日本人則辦不到。對日本人來說，即使平時是個勤勞工作的人，但是當別人看到他放鬆休閒的樣子時，多半會把這個人看成是不夠努力工作的怠慢者。

當然，把那種只想休息而不努力工作和學習的人指為懶惰並沒有錯，但我們必須弄清楚休息的意義，休息不僅僅是非生產性的，還具有積極的效果。

3．以最佳狀態迎接工作

二十世紀後半葉，日本人在勤勉和繁榮方面逐步變得引人注目。但要取得進一步的發展，就必須考慮如何運用更深奧的想像力，才能做出更高層建設性的工作。

在此，螞蟻和蜜蜂的思維方式固然十分重要，但也需要有像獅子那樣奮起的時候。我既希望人們像螞蟻和蜜蜂那樣勤勉地生活，更希望在佛法真理上有所覺醒的人，能夠在重要的時刻成為一頭猛獅。

現在，學習幸福科學教義的許多人，都有著優秀的潛在素質、高度的知性，和深厚且先天的信仰心，並且具備著善良、和藹、充滿愛心的人品以及優秀的性格。如果點燃了這些人內心的火種，就會像熊熊燎原之火，如同猛獅奮起。因為這樣的人具備了敏捷、強勁的力量。正因為如此，才更需要讓思維朝向有想像力、創造力的一面轉換。當你認為自己已不再是螞蟻、蜜蜂，而是一頭猛獅的時候，接下來就應該思考「獅子為何能具備如此強勁的爆發力」的問題。

理由之一，獅子能夠認準應該在何種特定目標上用盡全力。使出全身力量是為了能夠取得最佳成績，為此，必須讓自己在工作上處於最佳狀態。

若每天都在煩惱雞毛蒜皮的小事，那麼將難有最佳的工作狀態，因而上述的思考方法是值得接受的。不能老是讓自己處在能量幾乎要耗盡的邊緣，須弄清楚屬於自己責任範圍的工作，到底應該在哪方面注入最多能量。而且要知道如何解決並付出全力，在調整所有的工作條件和狀態上做努力。

4・休息的積極意義

我認為，懂得積極地使用休假，是調整最佳工作狀態的好方法。很不會利用休假的日本人，就好像不了解休息本身具有積蓄力量的原理似的。

在經濟學中有一條「收穫遞減」——也可以說是「效用遞減」法則。這個法則的道理在於：「在某個單位上能夠獲得的滿足程度，會隨著單位的增加、過程的延長而逐漸消滅。」譬如，空腹進餐時，會覺得第一碗飯味道特別香，可是第二碗飯就不那麼喜出望外了，到了第三碗食慾已減退，第四、第五碗便吃不下了；這就說明了第一碗飯的效用不斷在遞減。

學習的效果也是一樣。若整天都在學習同一種科目的話，能夠學進腦袋裡的量會隨著時間逐步減少。在開始的第一個小時還能集中精力，可是到了第二、三個小時之後精力便逐漸分散了，頭腦中會泛起與學習科目無關的問題，使學習收效遞減。即使收穫遞減，即使內容上怎樣重複、單調，可是對那些以刻苦為主導學習思想的人來說，仍舊會硬著頭皮持續學習十來個小時。

從學習效率上來講，長時間不休息的學習，其效率不如學了一個小時之後即做充分的休息，接下來再學一個小時，然後再做充分休息的學習方法。這雖然不是個單純的問題，卻是個永不變的真理。

要想讓收穫持續增加，首先需要適當的休息；學習佛法真理亦是如此。若整天只學同類知識，收穫遞減法則就會開始運轉，出現胃飽填食的狀態；這種人實際上並不知道什麼才是最有效率的學習方法。若收穫遞減的現象顯現時，就要抽出一定的時間休息。譬如，在星期天學習的話，就不要整天都讀書，而要做適當休息後再讀，這樣的效果較好；如果是一個星期的時間安排，就可以利用五、六天學習，一、兩天休息。

若用更長的期間學習，就須拿較長的時間單位來考慮。三個星期用在學習上，而抽出一個星期休息；或三個月學習、一個月休息等。

請讀者們不要忘記，這樣的觀點與單純的怠慢、懶惰不同，這是屬於使收穫持續增加的理論；這就是休息的積極效果之一。

5．將時間效率提升到最高

人若同一個工作做久了，效率就會下降，原因在前面已經提過了。如果這時想休息卻不能休息的話，就可以換個工作項目來做。這種改變刺激的方法，同樣能夠達到與休息相近的效果，即改變心情，以獲得高效益的成果。

改變心情的方法有許多，譬如，在書房讀一本書讀久了，就可以換本書來讀，或者透過讀、寫、聽等不同的方式學習。

此外，也可以用其他方法。譬如在書房讀書、在臥室聽錄音帶、在客廳用筆記卡片學習，變更場所來改換心情。總之在有限時間內，要想將時間的效率、濃度和密度做到最大，就需在各方面下工夫。以上大致講述了兩個要點，其中要重複強調的是：「休息不是純消極性的，而是繼續提高生產值所必須的手段。」

如果感到收穫、效用正在遞減，就可以調換一下內容，改變環境、改換心情，加之適當的休息。要在這段時間裡等待自己的體力、氣力、智力得到充實。

一個讀書「百讀不厭」的人，若暫且放下書來，過一個星期之後再讀，一定會有更新的感受。要知道這樣的做法與怠慢、惰性截然不同。這是一種為了完成偉業，在人生坎途上必須學習的技法。

請讀者參考本文，自己去掌握應如何跨越暗礁的技術和方法。

第十一章／活用時間

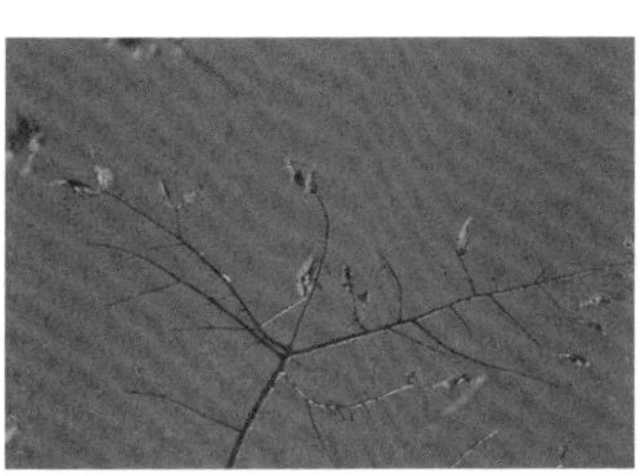

第十一章　活用時間

1．活於高濃度的時間

人能否幸福，不是指有無某種程度的不幸經歷，而是指在其人生的階段中到底具有幾分光彩。這是說，觀察人生的方法，有以「事件為中心」和以「時間為中心」兩種。

如果想要提高人生總分，重要的是必須始終保持兢兢業業，提高每一時間的平均成績；這就需要認真深入地思考「時間」意味著什麼。

一天由二十四小時組成，這是誰也歪曲不了的常識性事實，亦是個鄭重而嚴肅的定義。

無論是如何偉大的政治家、國王或是哲學家，都不可能把二十四小時中的一分一秒延長或縮短。即使是建立相對論的科學家，也同樣無法延長或縮短時間。

就拿我現在寫這篇文章的時間來說，也是一分一秒地過去。而過去的每一秒鐘就像沙粒一樣，不斷地由我的指間散落，不能復返。

二十四小時是一分一秒的集合，這是個無法迴避的現實。不論何等高度的文明產物或是人為精品，都不外乎是在時間中發生的；「無視時間將難成偉業」的道理不容否定。

一望無際的海洋不停地沖刷著海岸，波浪湧向岸邊，而後又退下去。從表面上看，在這單純的湧退之中很難感受到還有什麼更多的變化，但其中卻包含了真理。人就在這類似海浪上湧之時，千真萬確地在某方面付出了努力。

很遺憾地，有些人視使用時間如同用水，只是為自己的人生進路奔走汲營，輕視了時間的價值。

我想告訴讀者們，希望各位能夠重新認識時間的本質。

時間是貴重的，沒有人能奪走屬於你的時間。即便你遭受何種拷問、身處何種嚴酷的環境，你仍舊被賦予了一天二十四小時的黃金時間、永恆鑽石，任何人都奪不走時間的價值。

可以說這是佛賜予你的最大的慈悲。

無論耶穌基督也好、其他偉人也好，他們的人生同樣是在一天二十四小時中度過的。可是耶穌晚年的最後三年時間，卻能夠比其他人的三十六個月的時間密度高之甚遠。雖同生同世，耶穌卻能使時間充滿了高濃密度。

應該為佛賜予你的時間增加濃密度而盡心盡力。

2．時間的浪費發生在工作和學習當中

藉著我個人的實際經驗，現在來向各位闡述該如何善用時間。

首先必須認清一個人擁有的時間是怎樣構成的，以及屬於自己的時間該怎樣

利用。

對此，可以聯想到沙漏。沙子紛紛落下，使用的每一秒都似純金。金沙就是如此在漏落著。想一想，若浪費時間，不就等於在浪費如此貴重的東西嗎？

如果有人能夠做到每天都不浪費一分一秒，就可以稱這個人是偉人。但事實不然，因為這個人一定是在說謊，或是個沒有自知之明的人。

總而言之，不浪費時間是善用時間的起跑點。應該把時間當作貴重的金沙，不要讓它輕易地從自己的手指間漏落，應該讓粒粒金沙閃耀出光輝。

想想自己在一天裡，最浪費時間的事情是什麼？有人會認為是睡眠，有人認為是用餐或洗澡等等。

但我在這裡要特別強調的是，用餐和睡眠是生活之必需，雖然看上去似乎有些浪費時間，但事實並非如此。因為人若無視這樣的生理需求，隨之就必然會付出嚴重的代價。

其實，時間的浪費往往發生在工作或學習之中，這是我思考了幾十年所得出的結論。

對人來說，最大的浪費不是發生在那些無益的事情上，而是發生在自己認為有益的事情上。在自己認為最有價值、最值得做的事情之中，即產生了最大的浪費。

這個理論聽起來很像是一種反論，但是對已度過大部分人生、步入晚年的人來說，一定能夠很清楚地明白，我的話中道出了真諦。

人多半會在什麼方面對自己的人生感到後悔呢？是為了在睡眠上花費了許多時間嗎？是為了在用餐上耗用了過多的時間嗎？是為了在閒暇時打網球、打高爾夫球和游泳而後悔嗎？都不是。

人會感到後悔的問題，貫穿在整個人生的工作之中，貫穿在幾十年的學習過程之中。是為了自己在工作和學習上缺少果實、缺少亮光而後悔，這才是後悔最主要的原。

3·「帕累托法則」與時間

「帕累托法則」是世人普遍接受的法則，別名「八十二十法則」，依據這個法則可以把事物分做八成和二成。

這個法則的原理是，假設某公司有一百萬元的收益，那麼，其中的百分之八十，即八十萬元左右的收益是公司中百分之二十的職員所創造的；一百億的利潤中，其中八十億是公司百分之二十的職員努力的結果。

這條法則可以適用於各方面。例如，一天使用八小時工作的話，那麼，能夠有出色工作成績的時間只占這八小時中的兩成。若是十小時的話，最出色成績的時間就是兩小時。

這兩成的時間不僅是你大顯身手的黃金時間，更能決定你一天的工作成績，而此外的八成時間卻得不出顯著的成果。

在運用此法則時，無論對人對事，只要有事物組成，其中就有只占百分之二十的最重要部分。掌握了這百分之二十，就能掌管好另外的百分之八十。

在公司人事管理上亦是如此；要想完全掌握公司的所有職員可不是件容易的事情，但想掌握最有貢獻的百分之二十的人，則是有可能的。一旦掌握了這些百分之二十的能人，就掌握了公司整體的大部分。

此外，在做生意之前，大都要對事業能否成功做各種分析，同樣的，能夠決定將來成功與否的重要因素，只占其中的百分之二十，這兩成具有先決性。

因此，這條法則可以說體現了「強與弱的原則」，或者說「揚與抑的原則」。意思是，不能只蒙著頭工作，不要只為了分析事物而分析，應該判斷其中包含著的兩成重要部分。如果練就了這個觀察法，就能獲得集中、創造和實現的極大力量，進而使你走向成功。

做事失敗的原因往往來自完美主義。所謂完美主義的不足點，即在於總是力求百分之百，而結局常是個零。這很像打棒球，總想打「全壘打」，而整場下來回回掄空；類似這種事情不勝枚舉。

要認清自己應該做什麼；如果自己不是人們所期待的全壘打選手，一般都應該把重點放在擊出「安打」上，只要把精力集中於此即可。

將意識放在打出安打上，而不是全壘打，這樣就可以用百分之二十的努力，獲得百分之八十的成果。

總之，不要老想把球打到外野去，切勿自不量力。只做如此努力就有可能獲得奇蹟式的效果，擊出更多的「安打」。

4．勝負取決於百分之二十的時刻

在職業棒球中，有很多能投多種球路的投手，但是每個選手在每一賽季中的勝率往往不同。有的人能勝十五到二十場，有的人卻是負多勝少。

如果進一步仔細分析就可以看到，常勝投手取得勝利的訣竅，不在投出的球比別人快，也不在投球的種類比別人多。但他們為什麼能夠常勝呢？

對此也可以用帕累托法則來做衡量。譬如，一場比賽中要投一百個球，也就是說若能在百球中控制好二十個決定性的球的話，就足以奠定大局。

一場棒球賽共九局，把二十個球平均起來，每局只有兩球左右。亦即能決定勝負的球在每一局中只有兩球。在這決定性的兩球上，失敗者將成為敗戰投手；反之，在這兩球上制住了對手，就會使你走向勝利。整體上的勝利，往往取決於是否能在「決定性」的關鍵上取勝。

每局中，上場的打擊者平均只有四、五人而已，其中，能對投手構成一定威脅的選手只有兩人左右，而在對這兩個人的投球中，最關鍵的球每個人只有一球，這一球就能決定勝負的結果。如果正好投出了對方等待的球，就會被打個正著，導致失分；倘若投的是出乎對方意料之外的球，在結局上就能獲得勝利。

真正優秀的投手不是對所有的球都使出全力的，而是他們能在關鍵的二十個球上取得優勢，也就是說，在每局決定勝負的兩球上用全力去制勝。因此九局中二十個球的勝利，能贏來全局百分之八十的勝利。

我想，透過上面的例子，讀者們大概能明白我要說明的問題了。對多數日本男性來說，人生的三、四十年都是在同一家公司中度過的。其中有的人能成功，擔任董事、總經理；有的人則與成功無緣。這結果是一天天積累下來的。

俗話說：「日積月累。」在一天的工作時間中，最重要的只有百分之二十，能集中精力在這百分之二十的時間裡打出好球的人，必定能夠成功，或在職場上有所嶄露頭角。很遺憾的，大多數人不能發現這條法則，在不知不覺中度過了一天又一天。當回過頭來看自己的人生時，就會發現日子過得不盡如意；這就是日積月累的結果。

不應該如此對待人生的，如果把考慮如何使用時間的問題與工作結合起來，就能發現自己大錯特錯的原因。

就算是一天中只挪出兩小時也罷，應該把這貴重的時間用在做出成果、效率上來。要在從早到晚的工作時間中把握其中的兩成，進而對這部分時間做出具體安排。

隨後，便要在這兩成時間裡做出效率最高、收穫最多的事情。此外的時間可以做些較平均的工作，只要不出錯即可。在兩成的時間上集中全部精力、爭取成功。

總之，要把握一天中最重要的成果是什麼，集中精力、使出全力，創造最有效率的時間帶。同時，為了維持這個重要的時間帶，在其他方面多少要做些犧牲。只要保證了重要的兩成，就能取得八成的成功。

5．集中精力創造高效率

我出版過許多書，也許有人看到這麼多的數量便產生了「大川隆法一定每天都在寫書吧」的疑問。事實上，我用在寫書上的時間只占很少的一部分，但這段時間是極緊張、具高濃密度的時間。

為創造這樣的機會，我做了許多預先的準備。我做了勤奮學習的積累，加之調整好身體狀況，理順思緒，撰寫書稿是在最佳狀態下進行的。但我不諱言，完成了這段緊張的工作後，自己就像跑了馬拉松似的非常疲倦。

在最佳的狀態下，向最好的時間注入熱情，將高度凝聚的智慧思考，一口氣譜寫成章。可以這樣說吧，其餘的時間是為了這段重要的時間做準備的。要做到這一步，得先花大量時間讀參考書，此外，當然還必須花很多時間做反省和瞑想等。

我自身的做法是順應帕累托法則的，為了能管理自己的人生，管理屬於自己每月每天的百分之八十，我向其中的百分之二十時間注入了最高度的熱情，發揮出最高的效率。這畢竟是個取勝的關鍵。

因此，希望坐在辦公室做事務性工作的人，不要鬆散度日。設法在一天當中，創造出兩成高效率的時間。在這段時間裡，應該全神貫注，使之富有靈感且充實。

此外，還可以從更大的範圍來思考。譬如，於十天裡的兩天集中並提高工作效率。總之，在時間的使用方法上要有節奏，集中精力發揮高效率的做法是不容忽視的。

在學習上亦不例外。鬆散的學習不能真正大幅提高學習效果，應該在整個學習時間中的兩成上面，讓自己的身體狀況處於最佳狀態，集中精力學習；這是必要的學習方法。

在閱讀時，帕累托法則也同樣適用。我出版了許多著作，也許很難一下子讀完，或者很難馬上消化。我想向在這方面有苦惱的讀者說：「一本書中最重要的部分只占其中的兩成。」想把一本有兩百頁厚的書全背下來是不行的，要知道，真正重要的內容只有四十頁左右，問題在於你能否判斷和選擇出這重要的四十頁內容來。

本篇文章若謄寫於稿紙上，最多僅十幾頁。在這十幾頁的內容中，真正的精華也僅是兩成。問題就在於你是否能將那精華挑選出來並融會貫通。若能做得到，那將使你的實力日進月增。

在人生當中，最容易在工作和學習中，無意間浪費了時間，所以請提醒自己在此時間內，要集中精力，產出最大的效果。

第十二章／人的可能性

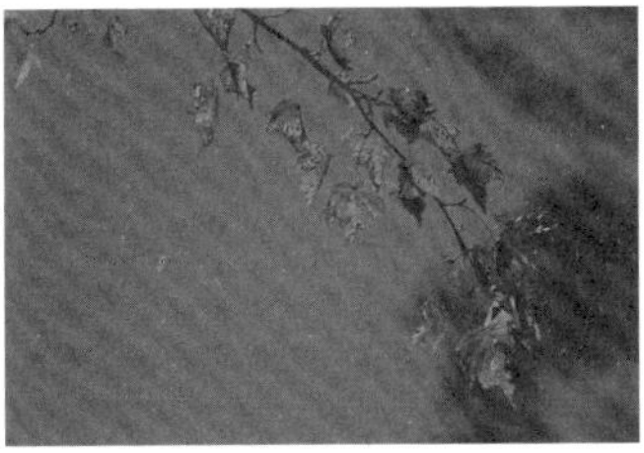

第十二章　人的可能性

1．向上進取的具體方策

也許會有很多人認為，人的潛能本身就是個模糊的概念。正因為這個概念在實際當中未必十分明確，因此也預示了人有廣泛的可能性。

我平時總向幸福科學的會員說：「要進一步發揮自己的能力，各位尚有著自己未曾發現到力量。」對一個覺醒於靈性世界的人來說，或許會認為這個說法是理所當然的。但是，我不希望人們在這問題上只追求單純的結論。

或許有人會有這樣的想法：只要經常反省，除去內心的塵埃，保持與靈界的交流，就能夠解開世上的一切奧秘，消解自己的煩惱。可是實際上，解脫之路並非那麼簡單。

當一個人越深入地認識事物，就越會對前面的事加以留意。也可以這麼說：人越是能夠理解別人的心情，其煩惱的程度也就會隨之加深。進一步而言，越是認識到了自身的心靈本質，也就越會注意到內在的迷惘。

人越是向上進步，就越會感到在進取的道路上有著各種障礙。當你的目標指向更高、更廣、更深的時候，就必然會遇到與此相應的抵抗力。

如果你在還沒有具備一定的實力、才華和覺悟的時候，就去追求更高的立場、更廣博的見識和深奧的洞察力等，苦惱自然會一個個不斷地出現在你面前。

這不禁讓人要問，到底有沒有能使人持續向上發展進取的辦法呢？有沒有能夠發揮人最大可能性的具體方策呢？如果有這種方法的話，又能否把它作為教訓，把它提高到具有一般性和抽象性的更高階段上來呢？我們先從這個問題開始思考吧！

2．開拓人生的意志力量

首先應該思考，人為什麼總有向上的意願呢？

海浪，時而湧上沿岸的沙灘，時而又退下。海水中的小石子也會隨著海浪的節奏，時湧時退。假設這些小石子內心有感覺的話，那麼，它們在一天、一年、一生的時間中又會有怎樣的感受呢？

也許這些小石子本身可以察覺自身是怎樣地存在：「自身隨著海浪活動的事實，只能形成大自然整個活動中的一個組成部分。」但這種所謂的自我察覺，再不會有更高的境界了。

因為，小石子單靠自身的力量將一事無成，它們只能隨著海浪湧退，彼此相互碰撞、破碎，繼而變成海灘上細小的沙粒，形成自然現象中的一個環節。

如果說人就像是在海浪間翻滾著的小石子一樣存在的話，人的可能性也就微不足道了。而且這樣的可能性最終將會破碎，化成美麗海灘上的一粒粒沙子，隨後，再也難以看出它還能有什麼更高的可能性了。

在觀察人生與小石子有什麼不同的時候，其中最重要的要素又是什麼呢？即是：「人有心，而且在心的領域中有堅強的意識。它能夠確定方向，動員起自身全部的精力去開拓人生；這就是人所能實現的。」

與小石子不同的是，人能夠用堅強的心力和意志去開拓新天地，這也是人的優越性。若從可能性的觀點來看，人沒有了意志力，也就無法開拓前程了。

有趣的是，人的意志力未必天生。雖然人類從小就形成了倔強或嬌弱等不同性格，這不同的性格也許可說是天生的，但單憑這一點還不足以保證能走出堅強的人生；人的意志可以經過鍛鍊而變得堅強。

自古以來即有「鍛鍊精神力量」之說，在精神力量中最重要的就是意志。所謂意志，即是指立下雄心壯志，為達成目標而努力的深厚熱情，亦是指心的能量。

這樣的熱情、能源透過訓練就會變得更加堅強。如同海浪在岸邊湧退一樣，看上去絕不似機械性動作，反而像生物體，像伴隨著堅強意志的生命活動。

只要人心堅強，人的意念就能像一股爆發性能源一樣，壓倒一切、勇往直前。如果你想做些什麼，如果你體認到了什麼能給人帶來幸福，如果你知道這個幸福與個人的幸福緊密相關，那麼，首先必須增強自己的意志。

3・將悔恨當做前進的動力

那麼，要如何增強自己的意志呢？

最初階段的方法即不服輸之心。人的精神能源之根本要素有幾種，其一就是不服輸、不認輸之心。它有著給精神上發條的作用，形成增強意志不可忽視的力量。

如此之多的人口同生於世，就避免不了人與人之間要相互切磋、磨練。在切磋磨練的過程中，必然會出現勝利者及失敗者。雖然不會有永勝或永敗的人，但在一時的敗北中，人心難免產生出悔恨的情緒。

不能對這種悔恨一概而論，不能都將之說成是墜入了地獄。落後於人時會感到悔恨，這樣的心境尤需予以重視。應該讓自己在悔恨之上有更高的追求，向更積極、更高級的層次轉化與提升。每個人在人生的過程中，大都感受過悔恨的心情，關鍵在於能否進一步用悔恨來激發向上的意願，爆發出更努力進取的意志。

這也是個基本問題，從某種意義上來講，悔恨是任何人都有的感情。如果因而就批評人心有虛偽的一面，指責人類競爭會增強無休止的野心。如果只看重這消極的一面，就表示自己還沒有真正體會人心。把這樣的感情用在激發自己向上進取，即屬於積極的光明面。

因此，那些對於現狀難以忍受，但又難以激發起向上之心的人，首先應確認自己的內心有無悔恨的感覺。

如果做人不能思量自身究竟具有多少可能性，不知道自己到底有多大實力，就應該先好好想一想：對自己的立場、感情、能力沒有自尊，對任何事物都沒有悔悟心，對工作沒有奮起之心，這本身不就是個值得思考的問題嗎？

人自呱呱墜地，接受了父母和他人的情愛，接受了教育，走入社會，受到了來自別人的期待，在這樣的事實面前仍無動於衷，難道不感到違背了良心嗎？難道對自己的不努力不感到羞恥嗎？在自己的周圍，難道沒有比自己處境艱難、卻比自己有成績、有發展的人嗎？

這不是要各位生活在悔恨之中，而是應該就此捫心自問：至今自己雖然有過各種良機，但卻沒有成功，是否需要對此徹底悔悟，決心不讓自己再度失去機會？這便是一個以悔悟之心激發自己向上進取之意志。

4・將事物理想化的能力

增強意志的第二個方法，即是發揮將事物理想化的能力。這是一股從內心自然湧現出來的衝動力，比悔悟的力量要稍微高層一些。

青年人具備著許多美德，其中最值得一提的就是，青年人有著將事物理想化的能力。只要具備了這種能力，眼前的事物、目標就有著無限的可能。

如果你正在為難以維持現狀或打破現狀而苦惱，又如果你正感到自己的人生萎靡不振，就應該思量一下：自己的內心是否有強烈的理想和願望？創造理想的能力是否正在衰退？

一個人雖年輕但缺乏理想，這個人實際上已變得衰老。反之，人雖上了年紀但不失理想，這個人實際上仍掌握著自己的青春。

描繪和追求理想的力量，是把所有事物理想化的能力，是一種才能。想要培養這種才能，重點是要有持之以恆的意念。

年輕時，心中有的幾乎是不切實際的偌大理想願望，但在以後的現實風波中幾經大浪淘沙，理想也隨之變成了小石子。當步入中年後，理想更加破碎，變成了小沙粒。

這時，應該回顧自己的過去，回想自己曾有過的青年、少年之夢。想一想自己曾經憧憬的是什麼？有過怎樣的理想？要知道，在看上去還不夠成熟的理想中，如實地包含著你擁有的才華。

自己曾把什麼當做理想？這個理想為何逐漸破碎了？繼而反省失去理想的理由是否正當？它的起因是什麼？

要思考自己在變化無常的環境中，為何不能再創新理想？為什麼沒有持續、堅定地追求理想的意志？這難道不是怠慢嗎？僅僅從早到晚揮著汗水辛苦地工作，還不能說是真正的努力，努力的前提是如何看待理想。

要誠心誠意地回答這個問題。

在這大千世界中，無法發揮創造理想的力量，繼而喪失了這種機能的人相當多。希望人們能夠回想起自己心懷理想的閃耀時刻，挖掘出這潛在的能力，予以磨練。

5・殉聖之心

增強意志的第三個方法，即是向崇高目的做出奉獻的意識，這是指，向神聖的存在不惜殉身的「殉聖」意志；我認為這一點很重要。

人若只局限在個人生活圈中，是不能從心中湧現出巨大能量的。人若只追求自身的幸福，心被狹小範圍所束縛，就創造不出巨大的力量源泉。從利己主義思想中絕不可能產生出偉大的世界觀。

能改變人間世界的巨大能源，即一顆殉聖之心；即為了神聖的存在而投身之心；即為了神聖目的不惜奉獻出自己的智慧、經驗等一切力量之心。

許多人可能都不只一次地遇到過：如同被逼上懸崖峭壁，必須迫使自己捨己投身的經歷。自己是否具真正的勇氣，在這樣的時刻就能得到檢驗了。

古人言：「為探明日路，不惜今日殉。」我對此話頗有同感。

這殉聖之心是不惜失去自己生命的意志，它在所有人的內心裡都是純粹的光明，希望人們去發掘出這神聖的力量源泉。

發掘這神聖能源有一條途徑，具宗教信仰的人大都有過這樣的經歷──回心。

人生下來後便受到養育、教育，隨後走入社會，在自己的價值觀下生活。隨之，自己會在社會的某個地方碰壁，或者東闖西撞總不順利。在生活中忘記了本來的自己，只對事物的表面現象做膚淺的分析，經常被別人的意見所左右，沒有主見，導致自己走上了絕境。但是，有如絕路逢生，偏執的自我觀念在幾乎絕望時被打碎，反而產生柳暗花明之感，這稱為「回心」。

《聖經》中保羅的回心為世人所知；每個人都會透過各種形式體會到回心的感受。

人生在世，難免被各種事物束縛，被束縛住的人們，心靈會感到痛苦。但請各位想一想，自己在世上生活的空間，其實是像小小的監牢一樣狹窄的，如果能夠承認這個事實，就不要謊稱自己已知曉了一切。

當路逢絕壁、寸步難行的時候，一道強烈的天上之光如同晴天霹靂，把擋路的絕壁一劈兩斷。一旦體會到了這個瞬間，就一定能夠看到一個無限廣闊的新世界，光明會引導你去體會什麼是真正偉大的自由。

殉聖之心是指，從肉體的自我向靈性自覺的境地躍昇，從而獲得偉大的力量。

6．身在世間體會實相世界

除了增強意志，還有一個轉換觀點的重要方法；這是一個新的觀察法。人在觀察自己時，免不了看到的只是一個身高一百多公分的自己。但如果有了靈性自覺，就能獲得從外界觀察自己、從靈性世界觀察自己、從天上世界鳥瞰自己、以高靈的眼光分析自己等體會，從而看清自己是怎樣生活在世間中。

我認為人的可能性，即是指人在這個三次元世界生活的同時，超越了這個世界，實現如同在實相世界中生活著的真正自己。

身在世間而能夠體會到實相的人生，是有價值的。假如說人間世界不是三次元的世界而是天國的話，你會不會在此時為自己的醜陋之心而感到羞恥呢？體會實相世界的生活方式必須予以重視。

此外，也不要把人間世界與靈界區分開來，應該把這個三次元世界看成是靈界、實相世界的延伸；這是個重要環節。把所有的惡都當作自己修行的食糧，努力將惡改變為善，美好的理想國度之門會在這裡敞開。

自己的靈魂能否再回到天國去，乃取決於現在生活的每一刻，因此應該經受住這樣的考驗。即使感到現在的生活環境不如意，也要保持心情開朗，使人生充滿發展的可能性，這也是人們普遍追求的人生方程式。

從現階段的生活環境中尋找自己潛在、無限的可能吧！追求無窮廣闊的天地吧！發現無限的光明吧！在這光明的時刻，煩惱將不復存在，幸福將向你召喚。

幸福的烏托邦並非遙不可及，它存在於此時此刻，存在於平凡之中！我再次強調：「實踐真理，能夠使你的理想成真。」

第十三章／過寬裕的人生

第十三章　過寬裕的人生

1．心有餘裕能預防消極思考

「發牢騷、埋怨別人、不知滿足的私欲，以及嫉妒和憤怒等等，均對自己無益。」這些都是人們普遍了解的道理，但是實踐起來卻很不容易。

譬如說，人們都知道發牢騷不好，但就是管不住自己的嘴，在日常生活中還是會說一些牢騷話。世上因喜歡發牢騷而說牢騷話的人是不多的，明知無益卻又按捺不住地抱怨不止，這才叫作牢騷。社會上這種只愛自己，而且自卑感強的人為數不少。要知道，這樣的想法是消極的，屬於一種心病。本章將針對這類心病，來談一談預防的方法。人人都會有煩惱，不可能凡事都能順著自己的意思行事，但如果能在事前做好處理，不讓這種不愉快感覺產生，人生的道路上也就不會有那麼多不協調的節奏了。

為了不讓這種消極思考浮現心頭，到底有什麼方法呢？從較高的視野來看，關鍵就在於自己的心胸是否寬闊，有無餘裕。心有寬餘是不會發牢騷的，也不會動不動就生氣、暴怒而大發脾氣等。否則就表示自己的心還不夠寬敞，思路狹窄且性情暴躁。嫉妒也一樣；如果一個人有充分的自信，能夠對人寬容，又怎麼會輕易地表現出這種態度呢？

接下來，讓我們細細追究這些問題的緣由，其實，它們往往發生在自己的心願與現實之間的差距中。反過來講，當現實超越了自己的理想時，人就不會表現出不滿；當現實與理想一致時，也不會發牢騷。美好的現實超越了自己的理想，又有什麼理由不滿意呢？

於是可以說，只要心有餘裕，有寬廣的胸襟，消極的想法就比較難以浮現。

2．孩童時期所獲得的教訓，打造出人生的雛形

成年人在回想往事時，多少能勾起自己尚是孩童時的幾分記憶。

上小學時，暑假是最讓人興奮的。一段相當長的時間不用上學，多少會令小學生們喜出望外，會感覺到學習壓力被解放了。

但假期終會結束，當夜晚變得涼爽，隱約的蟬鳴聲帶來秋分氣息時，小學生們開始憂鬱起來，感覺到父母要來嘮叨了。果真父母過來追問：「你的暑假作業做完了沒有！」這下糟糕了！作業沒有做完，勞作也沒完成！小孩子著急了，一時不知該從哪裡著手才好；在「二律背反」的心態下反而沒有什麼進展。

小孩子自然會想要依賴自己的父母：「勞作讓爸爸做，功課讓媽媽幫忙。」如果父親好說話，當真會助自己的孩子一臂之力；但如果父親只知道工作、不關心孩子，孩子就會變得孤立無援。孩童的年齡雖小，但內心已能充分感覺到有他力的存在。小學生們還會相互求援，共同分擔來完成功課。但在結果上不一定都

能滿意，因此不得不在放假的最後幾天，品嚐像地獄般的苦澀。

從孩童這樣的行為模式中，其實可以看到整個人生的縮影。

在放暑假的強烈解放感之下，能立即著手做功課的學生不多。大多數學生容易被這種解放感沖昏了頭，不知不覺地走向安逸的一面，或許可以說這就是人性的一面。儘管明知日後等待著自己的是痛苦，卻仍然按捺不住自己，跑去吃吊在眼前的「解放感覺」的魚餌，進而上了鉤。事實上，這些孩童時的教訓就是今後自己的人生雛型，它會隨著成長，在日後活生生地表現出來。

考大學時也會有近似的經歷。善於學習者，大都是先做預習的人，在第一學期時預習好後兩個學期的課程，甚至更多的課程；這樣的人通常會有不錯的學習成績。相反地，喜歡臨時抱佛腳的人，在考試前才熬夜苦讀，或者在考試後才拿起書本來讀的人，這一類人往往在吸收學識的問題上一拖再拖，遲人一步。

這也是種人生模式。在一定程度上，可以從此人所持人生觀中看到他的將來。人生各有所長。兔子跑得快，自有其飛躍的時期，烏龜的悠悠然也別具一格。

在兔子和烏龜賽跑的故事中，兔子能跑得飛快，卻在中途睡覺，結果輸給了烏龜。如果用比較短的周期觀察人生就會發覺，兔子式的人生也不算壞，至少它還有睡一覺的餘地；這當屬一大新解。解決煩惱也同樣，想解決掉幾十年後的麻煩事是困難的。人之所以有時在精神上無法振作，其原因多是對眼前的事情感到憂愁。若總是憂慮幾十年後的事情，此人如不是個出奇的大人物，要不就是恰恰相反。一般來說，人通常是為當下的事，或遠者幾個月、一年後的事而煩惱的。

用反向思考來看待兔子式的人生，會發現當中也有難能可貴之處。向前奔跑一段後便睡上一覺，至少不必為許多繁雜事擔憂。常常有消極思考傾向的人，必須檢討自己是不是有拖延事情的習慣？是不是像孩童那樣，在暑假將結束時才動手做功課？是不是有自卑的心理？當做如此思考時，或許會有新的發現。

3．凡事皆事前準備的人生態度

想解決幾個月、甚至半年後的煩惱，就必須把自己的人生稍做加速。也就是說，事前已有準備的人生態度很重要。

如果能夠有提前著手解決問題的想法，自然就能夠創造出寬餘來。把事情拖到最後一天前痛苦，還不如將這些問題早做解決。

舉個平常的例子，一般準備一日三餐的飯菜，是在開飯前一個小時左右，但有的人早在前一天就準備好了第二天午餐、甚至晚餐的材料。也就是說，在做眼前工作的同時，已為下一步工作做好準備。切菜等等當然是要下鍋炒菜時的事，但不容易腐壞的材料則可提早準備。這樣做可以提高效率也減少浪費。

管理過家務的人應該都知道，當家人喊著肚子餓要吃飯的時候，才手忙腳亂地料理飯菜的話，不僅飯菜做不好，家人也不會高興。原因就在於準備工作上，沒有連貫起來考慮事情，沒有運用智慧管理家務。

做出較長期的計畫，可以給明天，甚至眼前的行為帶來變化。單是為明天的事先做考慮，就能為眼前工作的合理化，產生一定程度的積極作用。現實中，這種能事前準備的人並不多。事到臨頭再做處理，容易造成混亂的局面，況且當下常會有一些意想不到的事插進來。譬如，家庭主婦要去解決孩子闖下的禍，要接待突然的來客等等。不要為計畫外的突發狀況而不知所措，亂了陣腳。

買東西等簡單的事情也需要計畫。到了商店才想著要買什麼，會讓你感到丟三落四，不能周全。還有不少人一旦遇到了不如意的事，儘管是些雞毛蒜皮的小事，也會滿嘴牢騷不停，說別人的壞話。如果讀者發覺自己也屬於這種人，不妨先從做一個事前準備的人開始，更正自己的人生。

譬如，在觀察一個人時，先分析他的行動方式或者習性等等。鯉魚游水總會成群地向同一個方向游動，我們知道了這一習性，就能分析出牠們幾分鐘之後的游向。同樣地，人在行動上也有著固定模式，依循著這模式就能管理好看似亂無章法的每個人了總之，凡事都能事前準備的態度，從各方面來說都有益於人生。

引導孩子做假期作業，不要在假期結束時才想起來要督促孩子，應該早做提醒，或者用孩子容易理解的方式誘導他們。

一旦養成習慣，便能減少以後的麻煩，也能使生活有餘裕。

4・經濟安定的重要性

我們還可以從其他角度驗證預做準備的好處。譬如說，從一個家庭的經濟情況來看，很多人在發薪資之前總感到手頭緊、心裡慌，但領了薪水後就馬上盡情地消費，到了月底再重複同樣的痛苦。在經濟問題上不管是用錢還是存錢，都需要有計畫和先見之明。

我以前曾讀過本多靜六博士（一八六六～一九五二）的書，他是個非常著名的人物，著有《我的處世秘訣》等三百多本書。在任職東京大學教授時，積極地運用「四分之一儲蓄法」，曾做過十九次海外旅行，在學問和經濟上都受到了廣泛的肯定。他的收入之高在所得稅收額上排名第一，受到了稅務局的表彰。

早在他年輕時留學德國期間，他的德國教授就曾忠告他：「若想扎實地做學問，就要有經濟上的安定。」

這位德國教授說：「一個學者之所以不能做充分的研究，其原因大都來自於經濟上的貧困。如買不起書、沒有書架、沒有做學問的空間等。如果這些必要的條件，是因為經濟上的困難而不能解決的話，將使你失去學術活動的機會。所以你回國之後先要從改善經濟條件下手，計畫和設計自己的人生，在經濟上有所積蓄。這個積蓄將會對你在學問上的發展，產生很關鍵的作用。」他記住了教授的忠告，回國後如實履行——其基本的思想就是把收入的四分之一儲蓄起來。

他的做法得到全家的支持，即使經濟上有些吃緊，也能得到家人的諒解，共度難關。他還把年終獎金等額外的收入全額積蓄起來，等存款到了一定數量時，還拿去投資。這一努力逐漸使投資的收益比薪資收入還要多，他就這樣建立起了堅實的經濟基礎。我也畢業於東京大學，但除了本多靜六博士之外，再沒聽說過有其他東京大學教授擁有可與其相提並論的高收入。可以說，他有計畫地累積經濟基礎的努力，奠定了他日後事業的成功。

事實即是如此，想要經濟富裕，首先要在經濟儲蓄上努力。

再來看現代人的經濟生活。你會發現，現代人有一種提前消費的傾向，認為公司到了年底肯定會發年終獎金，便提早花費掉這筆還沒到手的錢。依我看，這表示欲望已壓倒了自己的理性。這種花還沒到手的錢的做法，是地獄型的經濟方式。商人和推銷員常利用這種地獄型的銷售法，譬如，「年終獎金一次付款」、「分期付款」等等，這些都促使借款和提前消費型的經濟進一步擴大。

不管社會如何變化，經濟必定是以在收入的範圍內生活為原則的。若進一步把收入的一部分儲蓄起來，就有可能使今後轉變成天國型的生活。

即使當今社會的經濟結構，有了何等的進化，這個原則在任何時代都不會變。經濟積蓄是將來事業開展的資金，這個積蓄的本身即能創造出精神上的餘裕。

即使知道借款消費型的經濟方式，具有何等的便利性，在節減稅金上有何等效果，這筆資金在眼前畢竟是個負值，因為它抵押了自己日後將付出的勞動。

這樣做會對將來產生不安的心情，會為自己日後的身體健康等擔心，結果致使身心在一種壓迫感下工作。當然有一些情況是不借款就不能開展事業，但這種想法在正常的社會中絕成不了大事。

家庭經濟對任何人來說都一樣，應該在收入的範圍內生活，並將收入的一部分儲蓄起來，為日後的計畫做準備，不鋪張浪費；這種想法本身已蘊藏著積極發展的要素。世界上沒有那種不做儲蓄，而成了富翁的例子。對不儲蓄的人來說，即使收入再多也不夠用，到後來往往會出現手頭上沒有分文的窘況。

5・有備無患

創造內心的寬裕，積極地面對未來，與上述儲蓄的問題完全一樣。善於積蓄的人，在金錢以外也同樣能做積蓄，能為以後必要的付出及早做準備。如同養育孩子，要能想到半年、一年甚至更遠，充分考慮到家庭經濟與養育孩子的關連性。所謂創造寬裕，即是指把現在多餘的時間、金錢和智慧，轉用到將來必至的結果上，向今後定能收穫的方面做投資。

學習佛法也不例外；如果總有被強迫學習的感覺，是很難開悟的。要想覺悟，就必須保持向前進的態度。好比身體健康的問題，倘若等自己病倒了再去看醫生，就是亡羊補牢了，必須在自己病倒前先做預防才行。這種預防可分成兩方面：一是提早鍛鍊身體，二是在身體疲勞前做些休息。

可惜現代人多半不能遵守這兩種方法，不到累倒時不罷休、不到病倒時不回頭。很遺憾，人往往在倒下去之後，才開始明白休息的意義。

其實，現代人的煩惱大都來自身體和精神上的疲勞。可以假設，人如果不知疲勞、沒有疲勞的話，煩惱的百分之八十就會消失。明白了這個道理，就能體會到預防疲勞能在預防煩惱上產生極大的作用。

要預防疲勞，就要儘可能在不使自己疲勞這方面下工夫。這就是說，不要等問題變嚴重之後才想一次解決，應該化整為零、逐一解決，在身體和精神出現疲勞之前即做充分地休息。既在精神上感到貧乏，又無法調理自己身心的人，很容易逞強行事。對這樣的人來說，當到達某一程度時，就應該讓自己早做休息，這不是一件容易的事，需要鍛鍊；這是長生、長保青春的秘訣。

當眼前的工作變得怎麼都放不下手時，就表示自己應該在工作方法上，下一些工夫了。面對所有工作都全力以赴，是不能持久的，應該在最重要的工作上傾注力量，在較簡單的工作上蜻蜓點水即可。這樣做的目的無非是創造餘裕。只要肯下工夫，有各式各樣的方法，最終皆可歸結到「事前先做預習的準備工作」上。想做到這一步，首先要把出發點放在有備無患之上，在心理上準備好成為一個預習型的人。隨後，具體的方法會一個接一個地出現。

沒有牢騷、沒有埋怨，寬裕坦蕩的人生就是這樣展開的，不具憤怒與嫉妒的世界就是這樣展現出來的；但願人們都能認識到這種天國型的生活方式。

第十四章／健康生活的秘訣

第十四章　健康生活的秘訣

1．保持健康是每個人自己的責任

健康生活是人生中不可缺少的重要環節。在消解各種惡念、煩惱和痛苦的同時，不能忽視健康這個基礎性的問題，因為它能在一定程度上，產生預防諸煩惱的作用。

當我們靜觀四周，會發現每個人多少都有自己的煩惱，但是身體健壯的人要比身體虛弱的人的煩惱少一些。

總是在煩惱漩渦中生活的人，胃的機能會變得虛弱，神經亦顯衰弱，一副皺著眉頭的模樣；這是一般印象。與其在煩惱中痛苦，不如放寬心，培養積極思考的活力，把健康做為日常生活的基礎，鍛鍊強勁的身體。

在談論健康生活的秘訣之前，必須認識健康的真正價值何在。

首先打個比喻；坐火車旅行必須買車票，旅行要先支付一定的旅費。與此相同，靈魂宿於肉體做人生修行時，肉體就好比一列火車，乘坐「肉體」之車需要提前支付一定的費用。若對這個問題抱有日後再做打算的想法，是要支付更高昂代價的。

沒有任何理由可以無票乘車，如果違反了這個規則，就可能被罰款，結果要支付更多的費用。這與健康的問題類似，人的健康就好比是乘坐火車。

那麼，什麼相當於火車票呢？人誕生下來便有五體健康的問題。尚未成年時，身體的狀況要依靠父母照料，可是一旦走入社會、離開父母後，健康就成了自身的責任了。

人活七十歲好比行路七十公里，活到百歲就好比旅行了一百公里？這個感覺或許會更長。長途旅行需要做多方面的準備，健康生活就是其中之一。

2・將部分的收入用於維持健康上

首先，在健康管理上，應該先在經濟方面做好準備。此一觀點對宗教信徒來說或許會感到有些意外，但這個問題在實際上確實很重要。具體來說，即是做好「不惜為健康做經濟上的支出」的思想準備。如果捨不得在健康上做必要的投資，就必定要在不久的將來付出更高昂的代價。

必須認識到健康上的投資是一筆必要的經費。欲使自身軀體這列「火車」能夠持續地奔跑，無論如何都要為其提供必要的能源，這個出發點來自「為健康而付出的金錢投資是善不是惡」。

這就需要具體地做出計畫，看一看自己的月薪，到底能夠負擔多少健康生活的投資。

尤其在大城市中，人的健康問題會更為凸顯。繁忙的工作使生活缺乏規律，加上運動量不足，身體虛弱的人很多。

許多人在吃喝等交際上不惜花費本錢，相反地，卻對自己的身體健康缺乏長遠考慮，捨不得為健康投資。是不是應該在這個問題上反省一下呢？

這個觀點雖然普通，卻很容易被忽視。一天之中到底做了多少運動，自己心中是有數的，但很少人會考慮到為健康做投資；健康管理首先可以從這個觀點展開。

認為把月薪的百分之十投資在健康上比較合適的人，可把這筆預算做出具體計畫，考慮做些什麼運動等等。

譬如，到體育館、各式球場去從事像游泳、打高爾夫球等運動。當然也可以做不需要花錢的運動，如散步、跑步等。

有些運動項目不需要花錢，便能夠達到鍛鍊身體的目的，對身體也有益，但是由於缺少娛樂性，所以較難持久，像長跑、跳繩等運動就是這樣。

如果經濟上有些寬裕，就可在收入中撥出一定的數額用於健康管理上。如果本身的工作就是屬於體力方面的勞動，且自己身體也很健康的話，當然可以把收入用在其他方面。像體力勞動之後身體會感到勞累，這時便設法讓身體休息，或者補足營養等。

想保持健康的生活，首先要有為健康做投資的思想準備；這是第一步。

3．將一定的時間花在運動上

有人並不主張在鍛鍊身體上花錢，這也是自然的想法，於是就需要第二種做法。在不花錢做運動的原則下，便只有朝時間方面下一些工夫了。

如果經濟上不寬裕，就得妥當安排時間。例如比別人早起床，做三十分鐘左右的運動，或是在週末多用些時間做跳繩、體操等不需要花錢的運動。

由於這類運動較單純，很容易使自己的運動計畫虎頭蛇尾，若能邀集一些朋友一同來鍛鍊，就能從中體會到樂趣了。像夫婦一起做運動，或舉辦家庭運動會等，都是很好的方法。

若經濟上吃緊，可在一天中抽出一些時間來做身體鍛鍊，或是下班後與家人、朋友共同做些身體活動，從而相互督促和幫助，同感運動之樂。

以上是有關健康生活基本思考方法的第二步。

4．積極地為增強體力做投資

若是等到察覺自己身體已經不好了，才開始體認到鍛鍊身體、維持健康的必要性，便是亡羊補牢了。如果身體狀況明顯不良，就說明健康主動權已不在自己手上了。

我們可以把健康問題看作是經濟存款；欲做好工作就要具備一定的體力，若想在將來發展更大的事業，就更需要健康的體魄。眼前雖有足夠的體力，但為了將來事業打拚，必須進一步增強和積蓄體力。

有趣的是，有時做一些與職業完全相反的事，反而能對身心和健康產生有益的效果。譬如，作家或演說家等依靠腦力維生的人，如果平時能夠做些體力活動的話，反而會在工作上產生良好效果。頭腦靈活不只是在文字性的鍛鍊，實際上越是增強體力，腦力也會隨之變得更活躍。

有些人感嘆自己不是讀書的料，但不能把眼睛的好壞、頭腦的機能作為全部的理由，還應該檢查一下自己的身體狀況是否總顯得很疲勞、很嬌弱；應該認真看一看自己是不是借款型的體質。

自己是不是身體虛弱得總怕被別人傳染疾病？是否覺得自己對疾病不具抵抗力？是否對自己的健康狀況沒有自信？應該問一問自己：難道不想以健康的面貌出現在眾人面前嗎？

我也有過類似的經歷，才體會到鍛鍊體力能夠促進腦力活動。在鍛鍊腕力、腿力時，意外地也能使腦力得到增強。我認為腦力衰退是由於身體的疲勞度提高的結果。

在現代社會中，主要以使用腦力為主要工作的人，其體力會比較虛弱。反之，做體力勞動的人在腦力上又會顯得比較單純。這種現象常讓人感到困惑，人們往往過於偏重單方面，想兩全其美卻又很難。

腦力勞動者若能在休息時做一些體能活動，定能在一定程度上提高工作效率。這樣說不是鼓勵做過度的運動，而是強調至少應該間隔一段時間做一定次數的運動，來解決健康問題。

想要過少病健康的生活，至少應該一個星期做一次運動，這是最低條件，也是少病的秘訣。

若是一星期能有兩次身體運動，就有可能將體力維持在平均水準之上；若能做三次以上，就能使自己變成一個積極思考的人。

發展事業和工作不能缺少體力；如果沒有體力，在觀察事物時便容易產生悲觀的情緒，甚至出現逃避現實的傾向。譬如，對各種事物總是做負面的猜測，無意中自己成了一個失敗預言家，使自己無法逃脫失敗的陰影，因而忽視眼前的絕佳機會，輕易地錯失良機。

在困難面前，如果自己有足夠的體力將是值得慶幸的。為開闢未來，積極地以增強體力做投資，這個行為本身即是善。

我以前在貿易公司做職員的時候，曾習慣將每個月薪水的十分之一用來買書。當時只注重在腦力上做鍛鍊，因此身體很虛弱，容易感到疲勞。後來，在大庭廣眾面前講演的機會越來越多，使我深深感覺到，容易疲勞的身體很難為人類幸福多做奉獻。

當我明白了這個道理後，便立即實踐，即使工作再忙也不忘鍛鍊身體。工作越是緊張，反而越是做些強行性的身體鍛鍊。別人會說這樣做只是增加身體的疲勞，但結果卻獲得了高效益；我既在工作中達到了高度集中的效果，同時又增強了體力。

人容易走向極端，使用頭腦者不願對體力投資，使用體力者不願對頭腦投資，這是普遍的傾向。即使自己的理想是在某一層面上，也應該在另一方面樹立一定的目標，這會對整體發展產生積極的作用。

不論從事哪方面的工作，即使取得了一定的成功，也應該從相反的一方吸收營養，把自己推向新的階段；這樣做也許就可以說是比較完美的生活方式了。

5．預防疲勞的方法

健康生活的另一個秘訣：預防疲勞。

人的煩惱大部分來自疲勞。如果自己在早起時感到頭腦清醒，早餐吃得津津有味，有這樣健壯的身體，即使遇到了問題也能夠清晰明快地解決。

相反地，早上起來頭腦就不清醒，飯菜吃得不香、心情不愉快，如果是這種體質的話，遇到了問題就會把它看得過大、過難，優柔寡斷。這是說，預防疲勞能夠對消解煩惱產生積極的作用。

預防疾病有許多具體方法，若從生理上著眼，就應該讓身體在必要時休息，這能提高工作效率。

一般人的注意力在集中一個小時後就會變弱，即使集中力高的人也不過是兩、三個小時而已。三個小時過去之後，集中力就會急劇明顯地下降。

如果從早到晚一直都在做事務性工作，工作效率下降是理所當然的。從工作效率上來講，一天連續做十二個小時以上的書面工作是很勉強的，其中包含著許多幾乎無效的部分。

無論怎樣努力，都很難長時間維持高度的注意力，這是首先要知道的。因此，持續工作二、三個小時之後就可以稍做休息，如果吝惜這十分鐘、十五分鐘的休息時間，就會在實際當中浪費了後面更多的工作時間。休息也需要努力。

休息的內容可以是喝茶、和同事們說說笑話等，讓精神放鬆。總之，原則是得保證在身體最佳的狀態下做最重要的工作。

不少人總喜歡把最重要的工作，放到天黑後才開始處理，這樣做是利少弊多。一般來說，傍晚是人最容易感覺疲勞的時候，在這樣的時間做重要的工作，不能說是個好方法。

如果是天黑後才下班的話，可以把一些單純性質的工作留到後面來做；需要在這些細節上用心。

我認為，想保持一個小時的高度集中力，至少需要用五分鐘來做調整。五十五分鐘集中精神工作，就需要用五分鐘來緩解神經。另一方面，在休息時間裡要讓身體達到真正的休息狀態。

在工作時要保持精神集中，還必須對身體的兩個部位特別加以注意。

第一是腰部；因為腰痛會導致集中精神的能力喪失。平時可以做做體操、鍛鍊腰部的力量，也可以躺下身來減輕腰部的負擔。

再者是足部；腳掌的面積不大，卻要支撐人體幾十公斤的體重。通常人持續站立一個小時以上就會感到非常疲累，有些職業必須站立好幾個小時，這就需要考慮如何才能減輕腳部的重量負擔。

此外，眼睛也不能忽視。眼睛疲勞自然會影響到頭腦和腸胃的功能，這種不良影響容易造成對待事物表現出神經質，或者產生被害妄想的傾向。因此，需要在工作中儘量減輕眼睛的疲憊感。

你可以從很多方面來保護眼睛。譬如，注意維持一定的照明亮度、讓眼睛與桌面保持二十公分以上的距離、讀書時儘量避免長時間閱讀小字等等。從長遠來看，在小環節上稍下工夫，必定會對眼睛有益。

眼睛是知性生活必經的關口，既要充分地使用又要儘量減輕其疲勞。

當然，眼睛和其他身體部位皆相同，在使用了一定時間後應該緩解緊張的眼部肌肉，達到休息的目的，以利未來長時間的使用。不要廢寢忘食緊張地用眼，應該每隔一小時左右就一議眼睛稍做休息，使眼睛能夠長時間工作而沒有疲勞感。

預防疲勞，可從儘可能減輕腰和足部的負擔、用休息來調整眼力開始。

後語

本書的第一篇，透過從各個面向列舉的具體實例，提示了戰勝人生困境的方法。讀者可以從成功、人生、幸福以及覺悟等多種方法論的角度來閱讀。第二篇將工作的技能和心法不可分隔的兩者融合，展示出了新的人生與商業界的成功哲學。

但願本書成為萬眾戰勝人生之必讀書籍，並能促進引導時代的商業理論之花開能遍地盛開。這是我寄予本書的期望。

幸福科學總裁　大川隆法

What' s Being 022
常勝思考

作　　者：大川隆法
總 編 輯：許汝紘
副總編輯：楊文玄
美術編輯：楊詠棠
行銷經理：吳京霖
發　　行：楊伯江、許麗雪
出　　版：信實文化行銷有限公司
地　　址：台北市大安區忠孝東路四段 341 號 11 樓之三
電　　話：（02）2740-3939　　傳　　真：（02）2777-1413
www.wretch.cc/ blog/ cultuspeak
E-Mail：cultuspeak@cultuspeak.com.tw
劃撥帳號：50040687 信實文化行銷有限公司

印　　刷：彩之坊科技股份有限公司
地　　址：新北市中和區中山路二段 323 號
電　　話：（02）2243-3233

總 經 銷：聯合發行股份有限公司
地　　址：新北市新店區寶橋路 235 巷 6 弄 6 號 2 樓
電　　話：（02）2917-8022

若想進一步了解本書作者大川隆法其他著作、法話等，請與「幸福科學」聯絡。
社團法人中華幸福科學協會　地址：台北市松山區敦化北路 155 巷 89 號
電話：02-2719-9377　電郵：taiwan@happy-science.org　網址：www.happyscience-tw.org
HAPPY SCIENCE HONG KONG LIMITED　地址：香港銅鑼灣耀華街 25 號丹納中心 3 樓A室
電話：（852）2891-1963　電郵：hongkong@happy-science.org　網址：www.happyscience-hk.org

2012 年 6 月 初版　定價：新台幣 300 元

國家圖書館出版品預行編目（CIP）資料

常勝思考 / 大川隆法作. -- 初版. -- 臺北市 : 信實文化行銷, 2012.06
面； 公分 ——（What's being；22）

ISBN 978-986-6620-58-4（平裝）

1. 成功法　2. 思考

177.2　　101011805